Herausgeber
Thorsten Riewesell und Andi Weiss

... ankommen!

Glaubenskurs

BORN-VERLAG

Die Autoren

Christina Brudereck: Theologin, Evangelistin und Autorin; Essen
Klaus Göttler: Praxisdozent an der Evangelistenschule Johanneum; zuvor Leiter der Missionarischen Arbeit und Jugendevangelist im Deutschen EC-Verband; Wuppertal
Peter Plack: Pfarrer in der Evangelisch-Lutherischen Kirche in Bayern
Thorsten Riewesell: Teenager- und Jugendreferent im Deutschen EC-Verband; Kassel
Andi Weiss: Diakon mit überregionalem Auftrag in der Evang.-Luth. Paul-Gerhardt-Gemeinde; Moderator, Musiker und Sprecher; München
Angela Weiss: Jugendreferentin im Evangelischen Jugendwerk; Eltville
Roland Werner: Vorsitzender von Christival und Leiter des Christus-Treff; Marburg

... ankommen! entstand in der Zusammenarbeit von JesusHouse2004 und der missionarischen Aktion „ich glaub's" des Deutschen EC-Verbandes.

Impressum

Herausgeber: Deutscher EC-Verband, Kassel, und ProChrist e.V., Kassel
Überarbeitung: Andi Weiss
Umschlaggestaltung und Satz: Dieter Betz • Design • Kommunikation, Friolzheim
Illustrationen: Wolfgang Schneider, Minden
Druck: Jesusbooks by Aalexx, Großburgwedel

ISBN 978-3-87092-355-6, Bestellnummer 182.355
Alle Bibeltexte entsprechen der Übersetzung „Hoffnung für alle".
Texte aus dem „Kleinen Katechismus" (Seite 27, 38, 51, 85, 86): Abdruck mit freundlicher Genehmigung der Vereinigten Evangelisch-Lutherischen Kirche Deutschlands (VELKD).

Außerdem erhältlich: **... ankommen!** DVD, ISBN 978-3-87092-356-3, Bestellnummer 183.356

Unser Verlagsprogramm mit Medien für Mitarbeiter im Internet: **www.bornverlag.de**

Inhalt

Kopiervorlage

Hinweis

Einige Fragen und Texte für die Teilnehmer sind als Kopiervorlagen gestaltet, sodass jeder Teilnehmer seine Antworten und Gedanken für sich festhalten kann. Diese Kopiervorlagen dürfen im Rahmen der Durchführung des Kurses für die Teilnehmer kopiert werden. Eine Verwendung der Kopiervorlagen über diesen Kurs hinaus ist ausdrücklich nicht gestattet.

... ankommen! Herzlich willkommen! – ein Einstieg

Mit diesem Buch hältst du einen Baukasten für den Glaubenskurs ... ankommen! in deinen Händen. ...ankommen! ist ein kompletter Kurs, und doch ist ... ankommen! das, was DU daraus machst. Jede Einheit bietet dir als Leiter dieses Glaubenskurses verschiedene Möglichkeiten zur Aufbereitung des jeweiligen Themas. Auch wenn jedes einzelne Thema ausführlich behandelt wird – die tatsächliche Einheit in deinem Kurs vor Ort wächst bei deiner Vorbereitung und deiner persönlichen Auseinandersetzung mit dem jeweiligen Thema. Dabei liegt es ganz bei dir, welche Bausteine und Elemente der jeweiligen Einheit du verwenden möchtest und welche nicht.

Wissen = Glaubensgewissheit?

Aber halt! Wenn ... ankommen! ein Glaubenskurs ist – kann man Glauben „lernen" wie in der Schule? Nein, Glauben lernt man erst mitten im Leben. Und trotzdem ist es wichtig, die biblischen Grundlagen zu kennen, um zu erfahren, welche Entdeckungen viele Menschen in vielen Jahren vor uns gemacht haben. Diese Erkenntnisse ermutigen und fordern heraus. Glauben wird so zu einer Entdeckungsreise, die auf einer tiefen Glaubensgewissheit beruht:

Du bist für Gott wertvoll!

Jeder will ernst genommen werden und Liebe, Annahme und Respekt erfahren. Doch oft erlebst du das Gegenteil: Ablehnung, Kritik, Verletzung. Bei Gott ist das

anders. Jeder Mensch ist für ihn wichtig und wertvoll. Das hat Jesus mit seinem Leben gezeigt und mit seinem Sterben am Kreuz besiegelt. Du kannst bei Gott ehrlich sein!
Jeder Mensch lädt Schuld auf sich, bewusst und unbewusst. Es hilft nicht weiter, es zu verschweigen. Vor Menschen offen zu sein, ist schwer. Doch bei Gott kannst du ehrlich sein. Er kennt dich durch und durch. Er liebt dich trotz allem und möchte dir nahe kommen.

Du kannst bei Gott neu anfangen!

Du kannst die Vergangenheit nicht ändern, dir deine Schuld nicht selbst vergeben, zerbrochene Beziehungen oft nicht mehr heilen. Aber: Gott will dir einen neuen Anfang schenken. Sein Sohn starb am Kreuz für unsere Schuld. Dadurch sind wir sie los.

Du hast bei Gott eine Zukunft!

Jesus ist von den Toten auferstanden. Er lebt. Deshalb kannst du heute ganz neu anfangen. Nichts und niemand kann dich aus Gottes Hand reißen. Jesus ist immer bei dir und lässt dich niemals allein. Du kannst ihm vertrauen und im Gebet alles sagen. Bei Jesus bist du zu Hause – für alle Zeiten und bis in Ewigkeit.

Danke!

Danke für dein Engagement und deinen Einsatz, diesen Kurs für andere vorzubereiten und zu leiten. Du bist Wegbegleiter – zumindest für die nächsten sieben Treffen und hoffentlich auch darüber hinaus. Dieser Glaubenskurs ist ein Kurs und möchte nicht nur Grundwissen vermitteln, sondern Jugendliche mit auf den Weg durch das Abenteuerland Glaube nehmen.

Auf den nächsten Seiten möchten wir dir als Leiter und deinen Kursteilnehmern ein paar hilfreiche Tipps geben.

... ankommen!
Leitung eines Kurses

Der Gruppenleiter

Du hast dich entschieden, einen ...ankommen!-Kurs zu leiten. Hier kommen einige Tipps, die dich als Gruppenleiter weiterbringen werden.

Der Ort

Wie schon mehrmals erwähnt, ist ...ankommen! ein sehr persönlicher Kurs. Wenn ihr euch dafür entscheidet, diesen Kurs in eurer Gruppe durchzuführen, solltet ihr zuerst überlegen, in welchem Raum dieser Kurs durchgeführt werden kann.

Seid ihr schon eine bestehende Gruppe? Trefft ihr euch schon seit langer Zeit immer in einem bestimmten Raum im Gemeindehaus? Dann bleibt in diesem Raum! In diesem Raum habt ihr schon zusammen gelacht, vielleicht auch zusammen geweint. Das gibt den Kursteilnehmern das Gefühl von Sicherheit und Geborgenheit.

Sollte sich die Gruppe extra für diesen Kurs gegründet haben, ist es sinnvoll anhand der angemeldeten Personen abzustimmen, an welchem Ort man ihn durchführt. Je nach Personengruppe ist es sinnvoll in das Gemeindehaus oder in das sehr persönliche Wohnzimmer von demjenigen zu gehen, bei dem die Leute sonst auch abhängen.

Die Raumgestaltung

Bei der Raumgestaltung spalten sich die Geister. Ist der Leiter ein Mann, wird sich nichts in dem Raum verändern, auch wenn sich nur ein großer Tisch, Stühle und eine Lampe ohne Lampenschirm darin befinden. Eine Frau dagegen wird nicht nur ein schönes Ambiente mit Kerzen, Tischdecke und sonstigen Verzierungen schaffen, sondern sie wird den Raum im blinden Ausbruch kreativen Wahnsinns thematisch in einen großen Walmagen verwandeln – schließlich geht es heute ja um Jona.
Ich glaube, der große Traum (fast) jeder Frau ist es einen Platz im Deko-Team der Gemeinde zu ergattern. Die beste Lösung ist mal wieder der goldene Mittelweg. Gestalte den Raum so, dass sich die Teilnehmer wohl fühlen - übertreibe aber nicht!

Das persönliche Gespräch mit einem Menschen und die zeitliche Möglichkeit dazu müssen noch immer über aller Kreativität stehen.

Der Zeitpunkt – wann trifft man sich?

Wenn ihr eine feste Gruppe seid, lohnt es sich, die bekannte Zeit (eurer Jugendgruppe, Bibelkreis für Junge Erwachsene, Hauskreis usw.) beizubehalten. Wenn sich die Gruppe für diesen Kurs neu formiert, ist es sinnvoll, den Termin mit anderen abzustimmen und gegebenenfalls nach dem ersten Treffen den Termin den Bedürfnissen der Teilnehmer anzupassen. Es ist nicht sinnvoll, direkt aus der Arbeit in ein Treffen zu stürzen. Eine kurze Pause zwischen Arbeit und Kurs nimmt die Hektik und Gedanken des Tages in den Hintergrund und lässt die Teilnehmer offen für die Gesprächsrunde sein. Diese Pause könnte auch ein Abendessen sein.

Essen?!

Mit vollem Munde spricht man nicht – das ist allen klar. Aber in einer gemütlichen Runde spricht es sich leichter über spannende Themen. Seit der „Maslowschen Bedürfnispyramide“ wissen wir, dass zuerst Grundbedürfnisse gestillt werden müssen (wie z.B. Essen), bevor man sich anderen Bedürfnissen annähern kann. Ein knurrender Magen kann definitiv zur „Anfechtung“ werden. Mit einem guten Essen drückst du auch Gastfreundschaft aus – das Essen kann bei jedem Treffen von jemand anderem vorbereitet werden.

Verzichtet auf Alkohol!

Verzichtet trotz aller kulinarischen Feuerwerke, die jemand mal wieder gezaubert hat, auf Alkohol während eures Treffens! Im Wein liegt zwar die Wahrheit, aber entzieht manchen Menschen auch die Kontrolle über sich selbst. Der eine wird rührselig und beginnt alle intimsten Geheimnisse aus seinem Leben auszuplaudern (was er komischerweise beim nächsten Treffen mit hochrotem Kopf bereut, wenn er auf manche Details angesprochen wird), ein anderer wird aggressiv, schießt über sein Ziel hinaus oder verletzt jemanden, weil er sich nicht an Absprachen hält. Im Anschluss kann ja immer noch ein Bier getrunken werden... (wenn es das Alter der Gruppenteilnehmer zulässt).

Geschützte Atmosphäre

„Nichts verlässt den Raum!“, sagt die Gruppenleiterin. Ein Teilnehmer grinst, weil sie die Erste ist, die Neuigkeiten aus dem Bibelkreis herumposaunt. Eine geschützte

Atmosphäre ist Grundlage für die gemeinsame Erarbeitung der einzelnen Räume. Unter den Teilnehmern sollte zu Beginn des Kurses eine klare Absprache getroffen werden. Vielleicht unterschreiben alle zu Beginn auf einem Blatt mit einer Selbstverpflichtung zur Verschwiegenheit. Nur so könnt ihr gemeinsam als Gruppe entstehende Probleme auffangen und Verletzungen nicht noch vertiefen.

„Grins nicht so blöd!“ Die Leiterin weiß intuitiv, dass er schon wieder einen blöden Spruch auf den Lippen hat. Immer, wenn sie etwas Persönliches von sich erzählt, nimmt er sie auf den Arm. Wenn er das noch einmal macht, wird sie so schnell nichts mehr aus ihrem Leben erzählen.

Auf dem Blatt könnte auch ein weiteres Versprechen stehen. Jeder könnte das Versprechen ablegen, sich nicht über die Eingeständnisse des anderen lustig zu machen. Das schützt denjenigen, der etwas über sich erzählt, und sensibilisiert die anderen Gruppenteilnehmer. Zu Beginn eines jeden Treffens könnte das von allen unterschriebene Papier von einem Teilnehmer vorgelesen werden.

Lenk als Leiter ein!

Als Leiter bist du für jeden einzelnen Teilnehmer verantwortlich. Absprachen, die zu Beginn des Kurses ausgemacht wurden, müssen von dir eingeklagt werden. Sollte sich jemand nicht an diese Absprachen halten, ist es deine Verantwortung, die Person darauf anzusprechen. Du garantierst den anderen Gruppenmitgliedern den Schutz innerhalb der Gruppe. Wird eine dieser Abmachungen nicht eingehalten, muss derjenige ermahnt und – wenn diese Versuche nicht fruchten – eventuell aus der Gruppe ausgeschlossen werden.

Gesprächsregeln

Wenn es für eure Gruppe wichtig ist, stellt doch einfach Gesprächsregeln auf! Das wird eure Treffen effektiver gestalten und die Emotion aus mancher Diskussion nehmen.

Die folgenden Regeln sind wichtig für die Kommunikation zwischen Menschen. Es hilft natürlich nichts, sie vorzuschreiben, sondern sie können als Leitlinien für die Gesprächskultur in einer Gruppe gelten und durch Vorleben und liebevolles Lenken vermittelt werden. Diese Regeln könnten z.B. so aussehen:

1. Wir lassen uns gegenseitig ausreden. Niemand fällt dem anderen ins Wort.

2. Wer zu lange redet, gibt dem anderen kaum noch die Chance, selbst etwas zu sagen. Jeder fasst sich deshalb so kurz wie möglich.

3. Wir hören dem anderen gut zu und konzentrieren uns auf das, was er sagt.

4. Wenn wir etwas nicht verstehen, unterbrechen wir kurz und fragen nach. Das zeigt dem anderen unser Interesse.

5. Wir melden uns zu Wort, wenn wir etwas sagen möchten, und reden nicht einfach los.

6. Wenn wir etwas erzählen, schauen wir dabei unser Gegenüber an.

7. Es ist unhöflich, sich schon mit etwas anderem zu beschäftigen, wenn der andere noch erzählt.

Ihr müsst nicht die gleichen Regeln für euch übernehmen. Ihr selbst wisst, was gut für eure Gruppe ist!

Betet zu Beginn um Offenheit

Ein gemeinsames Versprechen zur Schweigepflicht ist wichtig. Du kannst auch das Treffen mit einem gemeinsamen Gebet beginnen. Betet um Offenheit der Teilnehmer, betet um eure eigene Offenheit, betet um Schutz vor Verletzungen. Bittet Gott um seinen Heiligen Geist. Wenn Gott euch Dinge in eurem Leben aufzeigt, ist das vielleicht nicht immer eine schöne Sache, aber ihr könnt mutig und getrost sein – er lässt euch nicht allein!

Gebet füreinander

Bringt am Ende des Treffens eure Anliegen vor Gott. Betet füreinander. Das ist natürlich manchmal leichter gesagt als getan. Deshalb kommen hier einige Tipps zum Gebet in der Gruppe:

Wenn sich die Gruppe schwer tut, miteinander laut zu beten ...

Betet der Reihenfolge nach – wer mag, kann laut beten, wer nicht, lässt einfach eine Pause.

Regt an, für was man alles beten kann (eigene Situation, für andere ...).

Verteilt Zettel – Gott (er-)hört auch geschriebene Gebete.

Wenn die Leute nur für sich selbst beten...

Sammelt gemeinsam Anliegen!

Betet in mehreren Runden (zuerst jeder für sich, dann für den Nachbarn, dann für...).

Als Leiter darf ich Grenzen haben

Es ist keine Schande, als Leiter Grenzen zu haben. Er darf auch seine eigenen Grenzen benennen. Auch er darf von eigenen Schwierigkeiten sprechen. Es ist allerdings absolut wichtig, in diesem Bereich das rechte Maß zu finden. Als Leiter hat man auch einen seelsorgerlichen Auftrag. Man leitet, man führt eine Gruppe. Man selbst sollte sein eigenes Seelsorgeangebot nicht in der Gruppe suchen – sonst verwischen die Grenzen.

Wachsen in der Gemeinschaft

Besucht gemeinsam den Gottesdienst! Wachst in und mit der Gemeinde! Allein beginnt man sich schnell als Person oder als Bibelkreis im Kreis zu drehen.

Geistliche Partnerschaften

Coached euch gegenseitig! Fragt und hinterfragt euch! Tauscht euch über Erfolge und Niederlagen aus! Betet füreinander! Am besten findet ihr euch innerhalb einer Gruppe noch einmal jeweils zu zweit zusammen. Betet füreinander! Nicht vergessen: Gemeinsam seid ihr stark!

...ankommen! Hinweise zur Durchführung

Hilfestellungen für dich und deine Kursteilnehmer

Jede der Einheiten kann mit verschiedenen Bausteinen, wie zum Beispiel einem unserer VIDEOCLIPS (von der DVD ...ankommen!) beginnen. Im WAKE UP geht es darum, Interesse für das jeweilige Thema zu wecken. Dann beginnt der Gang, der WALK, durch einen Bibeltext (nach „Hoffnung für alle"). Versuche den Teilnehmern Lust auf das eigenständige Bibellesen zu machen, auch über den Kurs hinaus!
Der INTERAKTIVE Teil bietet viel Freiraum für eigene Gestaltung. Wichtig ist, dass die Teilnehmer nicht nur über Texte und Worte, sondern auch über das eigene Erleben Entdeckungen im Glauben machen dürfen. In SAVE geht es darum, dass die Teilnehmer noch einmal wichtige Fragen durchdenken und zudem ihre neuen Erkenntnisse „sichern" können. Damit diese Gedanken und Erfahrungen noch länger lebendig bleiben, können wir den Teilnehmern im HAPPY END etwas mit auf den Weg geben. Die sich jeder Einheit anschließenden Bibelstellen dienen der zusätzlichen Vertiefung. Bitte beachte die Einführungs-Videoclips auf der DVD, die dir noch weitere Tipps zur Vor- und Nachbereitung sowie zur Durchführung der Einheiten geben. In jeder Einheit triffst du auf „Infopoints", die dir als Leiter noch mehr Basiswissen weitergeben wollen.

Infopoint

Was glauben wir eigentlich? Im sogenannten Glaubensbekenntnis von Nizäa-Konstantinopel aus dem Jahr 381 bekennen wir unseren christlichen Glauben. Dieses Bekenntnis verbindet die weltweite Christenheit über die Grenzen der Konfessionen hinweg (s. Seite 12).

...ankommen! – zuerst persönlich

...ankommen! ist ein Glaubenskurs. Gehe die einzelnen Kapitel für dich selbst durch, bevor du dich als Gruppenleiter oder Mitarbeiter engagierst. Es ist wichtig, dass du dir zuerst selbst deine Gedanken zu den jeweiligen Themen gemacht hast. Auch wenn Glauben übersetzt „Vertrauen" heißt, gilt es nicht, als Gruppenleiter die Inhalte der Themen im „blinden Vertrauen" zu übernehmen. Grundsätzlich gilt: Gib nichts weiter, wohinter du nicht selbst stehst!

Infopoint

Das apostolische Glaubensbekenntnis

Ich glaube an Gott, den Vater,
den Allmächtigen,
den Schöpfer des Himmels und der Erde.
Und an Jesus Christus,
seinen eingeborenen Sohn, unsern Herrn,
empfangen durch den Heiligen Geist,
geboren von der Jungfrau Maria,
gelitten unter Pontius Pilatus,
gekreuzigt, gestorben und begraben,
hinabgestiegen in das Reich des Todes,
am dritten Tage auferstanden von den Toten,
aufgefahren in den Himmel;
er sitzt zur Rechten Gottes,
des allmächtigen Vaters;
von dort wird er kommen,
zu richten die Lebenden und die Toten.
Ich glaube an den Heiligen Geist,
die heilige christliche Kirche,
Gemeinschaft der Heiligen,
Vergebung der Sünden,
Auferstehung der Toten
und das ewige Leben. Amen.

Auf die Einstellung kommt es an

Rudolf Otto Wiemer betet in seinem Buch „Wortwechsel“:
„Hör dir das an, Gott, ich will heute mit dem Auto unterwegs sein, morgen schließ ich den Kaufvertrag ab, das neue Haus wird in zehn Monaten stehn, dann ziehen wir ein, machen das dritte Kind, schicken das erste zur Schule, das Geschäft wird vergrößert, den Kompagnon schmeiße ich raus, kaufe das restliche Aktienpaket, übernehme den Vorsitz in der Waschmittelgesellschaft, wechsle die Freundin, der Bungalow im Tessin ist fällig, die Gören springen mir von der Tasche, die Frau hat eine Operation, ich bin Generaldirektor, vielleicht Prostata, gut, wird repariert, man ist sechzig, Konzern gesund, rapide wächst das Grundkapital, glänzende Aussichten für die nächsten zehn Jahre, was sag ich, für zwanzig – hör dir das an, Gott, und komme mir nur nicht dazwischen.“

aus: Rudolf Otto Wiemer, Wortwechsel, Gedichte, ©Wolfgang Fietkau Verlag, Kleinmachnow

Wie leicht ist es, Gott in mein Leben zu integrieren – ihn aber eigentlich nicht wirklich vorkommen zu lassen? Wie leicht ist es andere anzuleiten – selbst aber diesen Weg nicht zu gehen? Wie einfach ist es, christliche Floskeln in seinen eigenen Wortschatz aufzunehmen, aber eigentlich nichts davon in meinem eigenen Leben umzusetzen?

Sören Kierkegaard mahnt: „Das Christentum ist bei den meisten keine Inbrunst mehr, sondern eine bequeme Gewohnheit. Man hat das Christentum viel zu sehr zu einem Trost umgearbeitet und vergessen, dass es eine Forderung ist!“

...ankommen! möchte den Teilnehmern keine Tipps geben, wie sie ihr Leben schöner gestalten oder besser „auf die Reihe“ bekommen. ...ankommen! möchte sie einladen, zu sich selbst und zu Gott zu finden. Sie können und sollen ihre Gaben und Fähigkeit entdecken, ihre ganz persönlichen Ressourcen wie Zeit, Familie und Freunde und die große Liebe, mit der ihnen ihr Schöpfer, der lebendige Gott selbst, eine echte Heimat schenken will. Es geht also darum, nicht zum perfekten „Lebensmanager“ zu werden, sondern sich und das, was man kann, und das, was man nicht kann, dem lebendigen Gott anzuvertrauen. Es lohnt sich, sich darauf einzulassen. Er wird niemanden enttäuschen.

Dietrich Bonhoeffer schreibt: „Wer Christus gefunden hat, der geht mit Freuden seinen Weg, der geht mit Freuden hin und verkauft alles, was er hat, und kauft die köstliche Perle. Wer den Weg Jesu nicht mitgeht, der wird traurig wie der reiche Jüngling. Wer sich dem Weg Jesu ganz anvertraut, der wird daran froh. Diese Freude bewährt sich auch im Leiden, das dieser Weg über uns bringen kann.“

...ankommen! will auf dem Weg zu dieser Freude begleiten und anregen. Seid offen und bereit euch selbst immer wieder hinterfragen zu lassen. Egal wie lange man schon Christ ist – egal ob man schon Verantwortung in der Gemeinde hat oder nicht – egal für wie „fromm“ oder „unfromm“ man sich hält: Es geht darum, die Freude am Leben zu finden – die Freude an Christus im eigenen Leben!

Tagebuch

Vielleicht denkt ein Teilnehmer: „Freude? In meinem Leben? Aber es macht doch gar nicht alles Spaß in meinem Leben!“ Das stimmt! Es ist gut, sowohl positive wie negative Dinge, die man in seinem Leben erkennt, festzuhalten. Gib den Teilnehmern dann den Tipp, während sie ...ankommen! durcharbeiten ein Tagebuch zu schreiben: Welche Erfahrungen machst du? Wie passen Theorie und Praxis zusammen? Welche Fragen kommen den Teilnehmern auch unter der Woche, wenn sie selbstständig an den Bibeltexten arbeiten? Sie können Gott danken für alles, was sie schon gelernt und verstanden haben.

Tipp: Schreibe Gott doch ein Dankgebet für alle seine Hilfe auf. Vielleicht auch mal ein Liebesgedicht, weil man an einem Tag merkt, wie sehr er sich um einen kümmert.

Du hast Gottes Begleitung heute besonders gespürt? Schreibe es auf! Es ist gut, diese Übung regelmäßig zu machen. Dann werden die Teilnehmer auch feststellen, wie sie die regelmäßige Übung dazu bringt weiterzumachen.

Du fühlst dich heute besonders verlassen? Schreibe es auf! Nutze das Tagebuch auch als „Klagemauer"! Benenne deinen Schmerz! Oft merken wir nur unsere körperlichen Schmerzen (wenn wir uns z.B. einen Arm gebrochen haben) – unsere „inneren Schmerzen" nehmen wir oft gar nicht so wahr. Nutze dein ganz persönliches Tagebuch, diese Schmerzen zu benennen, und du wirst in der Rückschau feststellen, dass nach manch schwierigen Tagen auch wieder Sonnenschein kommt.

Viele der Psalmen in der Bibel leben genau von diesem biographischen Lobpreis: Zu Beginn ist der Psalmschreiber oft deprimiert. Etwas klappt beruflich nicht, er ist schuldig geworden, Feinde verfolgen ihn. Was auch immer, das lässt ihn am Sinn des Lebens zweifeln und macht ihn traurig. Diese Traurigkeit wird ausführlich benannt. Aber am Schluss finden wir sehr oft das „TROTZDEM" des Glaubens. Dann bekennt der Psalmist neben den Schwierigkeiten, die er bekannt hat: „Ich glaube dir, weil du mir schon einmal geholfen hast. Ich glaube, du wirst das wieder tun!" Aus der Rückschau heraus dürfen wir uns daran erinnern, wie uns Gott schon geholfen hat. Das gibt Mut!

Freund/Freundin

Allein – ist nicht! Wer diesen Kurs durchführt, sollte sich einen guten Freund oder eine gute Freundin suchen. Es ist gut, wenn die Teilnehmer neben dem Leiter und den Mitarbeitern noch jemanden „zum Reden" haben. Dies gilt aber auch für den Leiter / die Leiterin.

Gemeinschaft/Gemeinde

Allein geht wirklich nicht. Das Christentum wird nicht in dem Moment, in dem man selbst oder die Gruppe den Kurs durchlebt, neu erfunden. Wir leben vom Glauben unserer Vorfahren, wir leben durch die Stärke der Gemeinschaft. Viele Menschen haben unter Einsatz ihres Lebens die gute Botschaft weitergegeben. In der Gemeinschaft kann jeder Einzelne seinen Glauben überprüfen lassen. Eine Gemeinschaft kann ganz schön aufreibend sein. Aber indem man sich an anderen Menschen reibt, wird man an den eigenen Ecken und Kanten feilen. Das lässt einen aufbauen und im eigenen Glauben reifen. Eine gute Gemeinschaft ist auch dann für den Einzelnen da, wenn es ihm schwer fällt zu glauben, wenn er einsam ist oder wenn er zweifelt.

Seelsorger/Therapeut

Manche Probleme kann man weder allein noch mit einem Freund oder einer Freundin noch in der Gemeinde lösen. Es ist wichtig, dass man sich das eingesteht. Als Leiter musst du dir der Macht bewusst sein, die du über die anderen Teilnehmer hast! Wenn in deiner Gruppe Probleme auftauchen, die du selbst nicht lösen kannst, beziehe bitte unbedingt professionelle Hilfe mit ein! Das kann zunächst der Hauptberufliche deiner Gemeinde sein, der für Jugendarbeit zuständig ist. Sollte das Problem aber größere Ausmaße haben (z.B. bei Themen wie Missbrauch usw.), sollte ein Therapeut hinzugezogen werden.

Bereit?

Wenn du als Leiter ...ankommen! durchgearbeitet hast, bist du bereit, dich als Leiter einer Gruppe stellen zu können.

Bereite den Kurs im Gebet vor!

Bitte Gott um

Liebe –
du bist genauso wie die Teilnehmer auf der Suche.
Demut –
du musst nicht alle Fragen selbst beantworten können.
Weisheit –
aufkommende Fragen und Probleme brauchen Weitsicht.
Begeisterung –
Menschen werden auf ihrem Weg schnell mutlos und verlieren die Kraft.

Wenn du schon weißt, wer zu dem Kurs kommen wird, kannst du auch beginnen, für jeden einzelnen Teilnehmer zu beten. Vielleicht nimmst du dir jeden Tag eine Person vor, für die du dann über die Zeit des Kurses hinweg betest.

Hab keine Angst!

Gott möchte dich als Leiter gebrauchen. Schau dir diese Liste an, mit wem alles Gott schon Geschichte geschrieben hat:

NOAH war ein Säufer...
ABRAHAM war zu alt...
ISAAK war ein Tagträumer...
JAKOB war ein Lügner...
LEA war hässlich...
JOSEF wurde missbraucht...
MOSE stotterte...
GIDEON hatte Angst...
SIMSON hatte lange Haare und war ein Frauenheld...
RAHAB war eine Hure...
JEREMIA und TIMOTHEUS waren zu jung...
DAVID hatte eine Affäre und war ein Mörder...
ELIA war selbstmordgefährdet...
JESAJA predigte nackt...
JONA lief vor Gott weg...
NAOMI war Witwe...
HIOB war pleite...
JOHANNES DER TÄUFER aß Käfer...
PETRUS verleugnete Christus...
Die JÜNGER schliefen beim Beten ein...
MARTA machte sich immer Sorgen...
MARIA MAGDALENA war besessen...
Die SAMARITISCHE FRAU war geschieden... mehr als einmal...
ZACHÄUS war zu klein...
PAULUS war zu religiös...
TIMOTHEUS hatte ein Magengeschwür...
Und LAZARUS war tot!

Also hab Mut!

...ankommen! Wichtige Hilfen für das seelsorgerliche Gespräch

(von Rolf Trauernicht, Geschäftsführer Weißes Kreuz e.V., Ahnatal; aus: „...weiterkommen!" – Ein Kurs zum Nachfolgen und Leben-Gestalten, Leiterbuch, **BORN**-VERLAG)

Wie seelsorgerliche Gespräche strukturiert werden können

Das kennen wir doch alle: Wir reden mit jemanden über ein Problem und bei der nächsten Begegnung wird die gleiche Thematik wieder besprochen, weil keine Klarheit über die Aufgabenstellung bestand und keine Ergebnisse gefasst wurden. Um dem entgegenzuwirken ist es hilfreich, den Gesprächen eine klare Struktur zu geben. Bevor es überhaupt zu einem Gespräch kommt ist es hilfreich, sich über folgende Fragen Klarheit zu verschaffen, damit wir mit möglichst viel Vorwissen ins Gespräch gehen:

Was weiß ich von der Person, ihrem Umfeld und ihrem Hintergrund?

Was macht die Person mit mir: Wie wirkt sie auf mich? Übt sie Druck aus, bereichert oder belastet sie mich und warum?

Was sagen ihre Augen aus? Es kann z.B. Trauer, Freude oder Langeweile sein. Warum schaut mich die Person an oder nicht an? Schon in der Bibel steht, dass das Auge des Leibes Licht ist.

Was sagen Kleidung und Haltung aus?

Was sagt mir ihr Händedruck?

In welchen Beziehungen lebt die Person?

Diese Fragen können mir, ohne ein Wort miteinander gesprochen zu haben, viele Informationen vermitteln.

Dennoch bleiben auch diese Erkenntnisse ohne eine Klarstellung mit der Person Vermutungen, die es zu klären gilt. Eine klare Struktur des Gespräches kann uns sehr helfen, das Problem ganzheitlich zu erfassen.

1. Herausarbeitung des Problems

Das Problem ist der Arbeitsauftrag an den Gesprächsführer, aber es ist oft nicht offensichtlich. Das präsentierte Problem ist oft nur ein Symptom und das eigentliche Problem liegt im Verborgenen und muss erarbeitet werden. Es ist sehr wichtig, den Auftrag genau zu definieren, sonst werden wir am Ende auch keine hilfreichen Antworten miteinander gefunden haben. Da dieser Schritt der Herausarbeitung des Problems sehr entscheidend für den Erfolg ist und manche ihr Problem nicht definieren können, will ich einige Hilfestellungen zur Erfassung geben. Es ist hilfreich, das Leben in neun Lebensbereiche einzuteilen und zu fragen, in welchem Bereich ein Gesprächsbedarf besteht, und sie mit 1-10 bewerten zu lassen. Bei 10 besteht ein hoher Gesprächsbedarf und bei 1 keiner.

Die Lebensbereiche sind

- Körper und Gesundheit
- Geld und Besitz
- Familie und Partnerschaft
- Beruf und Berufung
- Hobbys und Freizeitgestaltung
- Persönliches Wachstum
- Spiritualität und geistliches Leben
- Pro Existenz: Dasein für andere
- Freundschaft und Beziehungen

Man sollte hier nicht der Gefahr erliegen, alle Probleme gleichzeitig lösen zu wollen. Die Ergebnisse dieser Erfragung können zu einem späteren Zeitpunkt dazu beitragen, Erfolge festzustellen, weil die Bewertung der Lebensbereiche am Ende einer Gesprächsreihe anders ausfallen wird.

Um das Problem genau zu erfassen ist es hilfreich zu fragen, wer das Problem hat. Manchmal hat es nicht der Ratsuchende, sondern die Eltern, der Arbeitgeber oder jemand anders. Wenn kein Problembewusstsein vorhanden ist, wird das Gespräch wahrscheinlich nicht effektiv sein.

Aus der Antwort auf die Frage, wie lange das Problem besteht, lassen sich manchmal Rückschlüsse auf Ursachen stellen. Am Ende dieser Gesprächsphase sollte eine klare Definition des Problems stehen, die miteinander abgestimmt wird.

2. Beispiele erzählen lassen

Um an den Kern heranzukommen, ist es manchmal hilfreich, sich verschiedene Beispiele aus den oben genannten Lebensbereichen erzählen zu lassen, um den Blick für die eigentliche Problematik hinter den Symptomen zu schärfen. Ich will an einem einfachen Beispiel skizzieren, was gemeint ist:
Wenn z. B. jemand im Glauben unter übermäßigen Schuldgefühlen leidet, in der Partnerschaft den perfekten Partner sucht, an der Arbeitsstelle zu langsam ist und zu wenig schafft und in Beziehungen andere durch hohe Forderungen belastet, kann die Ursache ein Perfektionismus sein, der für alle diese genannten Symptome das eigentliche Problem darstellen könnte und anzugehen ist.

3. Was wurde getan, um das Problem zu lösen?

Wenn z. B. jemand aufzählt, was er alles getan hat, können wir uns Doppelarbeit sparen. Evtl. Hilfestellungen, die probiert wurden, aber keinen Erfolg brachten, muss man nicht wiederholen. Mit dieser Frage kann z.B. auch klar werden, ob jemand mit seinem Problem meist unbewusst Zuwendung sucht, weil keine bessere Form der Kommunikation eingeübt wurde. Manchmal wird auch deutlich, dass jemand geschickt worden ist, aber keine eigene Motivation sichtbar wird. Die Ursache des Wechsel eines Seelsorgers kann auch damit zusammenhängen, dass Fehler gemacht wurden oder jemand zu klar die Wahrheit gesagt hat. Es ist sogar denkbar, dass Seelsorger dafür benutzt wurden um zu beweisen, dass keiner einem helfen kann. Nicht wenige Menschen benutzen ihre Krankheit für ein unbewusstes Ziel. Manchmal kann man im Gespräch an dem bisher Geklärten fortfahren.
Die Motive für die Bereitschaft für ein Gespräch können sehr vielfältig sein und wir sollten einen Blick darauf werfen, um hilfreich miteinander umgehen zu können.

4. Die Vermeidungsfrage stellen

Auf die Frage „Was würdest du tun, wenn du das Problem nicht hättest?“ erhält man manchmal erstaunliche Antworten. Eine depressive Frau antwortete z.B. auf diese Frage, dass ihr Mann sich dann nicht so sehr um sie kümmern würde, oder ein Spielsüchtiger antwortete, dass er dann Langeweile hätte. Mit dieser Frage kommen wir manchmal auf das eigentliche Problem zu sprechen und damit vom Symptom auf das Problem.

5. Einen Blick für die Finalität der Symptomatik erhalten

Mit der Frage, welches Ziel erreicht der Betroffene mit seinem Problem, erhalten wir oft Klarheit für das Leben eines Menschen.
Ein Beispiel soll das skizzieren. Ein Junge hatte das Problem, dass er durch seinen enormen Bedarf, Aufmerksamkeit zu erhalten, mit wenigen Menschen klarkam. Ich sah ihn in einer Kirche und konnte folgende Auffälligkeiten beobachten, die alle das Ziel hatten, Aufmerksamkeit zu erhalten. Er kam zu spät in die Kirche, hatte eine auffällige Kappe auf, setzte sich in die erste Reihe und ging vor Schluss wieder raus. Alle vier Verhaltensmuster hatten das Ziel aufzufallen. Die eigentliche Aufgabe zur Veränderung seines Problems bestand darin, mit ihm daran zu arbeiten, dass er andere Wege kennen lernt, wie er positiv in Beziehung zu Menschen treten kann.

6. Die Betrachtung der eigentlichen Problematik

Aus der systematischen Bearbeitung der Problematik und der Finalität der Symptome werden oft massive konkrete Aufgabenbereiche sichtbar. Manchmal gilt es, diese Lebensmuster zu verstehen, sie zu entlarven und durch neue zu ersetzen. Diese Einübung stellt einen längeren Prozess dar, der manchmal einer professionellen Hilfe bedarf.
Außerdem kristallisieren sich manchmal konkrete Problemfelder heraus, die es zu benennen und anzugehen gilt. Manchmal sind es Süchte, eine psychische Erkrankung, Beziehungskonflikte, finanzielle Probleme oder auch eine ungeordnete Beziehung zu Jesus Christus. Dies alles wäre dann gründlich zu erörtern.

7. Hausaufgabenbeschreibung

Das Gespräch sollte mit einer klaren Definition der „Hausaufgaben" beendet werden. In der Regel löst sich nichts von selbst. Wenn zum Schluss des Gespräches die Aufgabenstellung noch einmal klar definiert wird und die Ergebnisse des Gesprächs offen liegen, können daraus konkrete Schritte erfolgen wie z.B. ein Arztbesuch oder eine Entscheidung, die gefällt werden muss.

8. Ergebniskontrolle

Im nächsten Gespräch kann an dieser Aufgabenstellung angeknüpft werden. Wenn die Aufgabe nicht erfüllt wurde, kann es daran liegen, dass sie nicht sinnvoll, der Betroffene an keiner Veränderung interessiert war oder der Leidensdruck abgenommen hat. Vielleicht sind auch neue Aspekte hinzugekommen. Dass solche Gesprächsschritte nur eine Leitlinie sein können und kein festes Programm, versteht sich von selbst. Wir werden nie auslernen, aus Fehlern der Gesprächsführung zu lernen. In dem allem gilt, immer mit „einem Ohr“ auf das Reden des Heiligen Geistes zu hören, um offen dafür zu sein, wie Gott unsere Gedanken lenkt.

Verständlich reden – Wie ich als Leiter Worte finde, die verstanden werden...

„Wie sag ich's nur richtig?“ Ich kenne diese Frage nur zu gut. Im Zeitalter von Beamer und PowerPoint, von MTV und sonstigen Reizüberflutungen wird es immer schwieriger dem Gesagten wirklichen Wert zu verleihen. Zu leicht verfallen wir der Überlegung, dass es nur ein guter Videoclip, eine spritzige Predigt oder eine bekannte Band sein muss, die im Fernsehen verkündigt, dass sie an Gott glaubt. Das muss doch einem Menschen die Augen öffnen! Das muss doch überzeugen!

Genau davon möchte ich mit den folgenden Gedanken Abstand nehmen. Denn ich kenne diese Überlegungen aus meiner eigenen Arbeit nur zu gut. Ich bastle selbst oft an Formen und Methoden, die „cool“ sind, die zeigen sollen, dass „Kirche und Glaube“ nicht „alt und verstaubt“ sind. Wir müssen immer wieder an unseren Formen arbeiten.

Aber zuerst möchte ich mir die Frage stellen, wie wir es schaffen, wirklich verständlich zu reden, ohne zu überreden? Wie schaffen wir es, Menschen nicht nur momentan mit einer „heiligen Show“ zu begeistern, sondern ihnen aufrichtig zu begegnen und sie so langfristig bereichernd anzusprechen? Wie kann ich mein Gegenüber liebevoll bei der Hand nehmen und ihm, ohne zu manipulieren, zeigen, was mich begeistert? Was soll mein Reden bewirken? „Dass sich die Welt darunter verändert und erneuert ...!“, sagt Dietrich Bonhoeffer: Eine Welt, die sich verändert, weil wir verständlich und ohne salbungsvolle Ausschweife auf den Punkt kommen. Bonhoeffer reiht sich mit diesem Wunsch in die Diskussion ein, wie wir „verständlich reden“ können. Ich möchte diese Frage mit euch teilen und einige Überlegungen als Gedankenanstoß geben.

Der 6-Punkte-Check

„Missionarisches Reden" kann nur Teil eines „missionarischen Lebens" sein. Erst wenn unser Leben mit unserem Reden übereinstimmt, wird es verständlich und damit glaubhaft. Johann Sebastian Bach hat eine wundervolle Kantate geschrieben (BWV 147). Dort heißt es:

Herz und Mund und Tat und Leben sollen Christo Zeugnis geben! Ohne Furcht und Heuchelei - dass er Gott und Heiland sei!

Eine tolle Aussage! Diese sechs Punkte geben uns eine Hilfestellung, unsere Motivation, unser eigenes Leben und somit unser Reden zu überprüfen:

1. „HERZ" - auf die Opfer, fertig, los! (Lk 10)

Wenn wir über „Mission" reden, dann fällt mir schnell Lukas 10 ein. Jesus sendet Jünger aus und dabei klagt er über die große Ernte und die wenigen Arbeiter, die dafür zur Verfügung stehen. Wenn wir als Christen das Wort „Ernte" hören, dann stehen wir schon in den Startlöchern und warten darauf, den Missionsbefehl in die Tat umzusetzen. Jesus betont das „Doppelgebot der Liebe" als höchstes Gebot: Liebe Gott von ganzem Herzen und deinen Nächsten wie dich selbst! (5. Mose 6,5).

FRAGEN: Sehe ich mein Gegenüber mit Gottes liebenden Augen an? Interessiere ich mich für ihn und sein Leben (seine Vergangenheit und seine Gegenwart)?

2. „MUND" – Leidenschaft, die Leiden schafft (Spr 12,18)

In Sprüche 12,18 lesen wir: Wer unvorsichtig herausfährt mit Worten, sticht wie ein Schwert; aber die Zunge der Weisen bringt Heilung. Was kann ein Mund Gutes schaffen und was kann ein Mund alles zerstören! Worte haben eine große Bedeutung! Der Evangelist Johannes beginnt sein Evangelium mit den Worten: Am Anfang war das Wort ... (Joh 1,1). Das gesprochene Wort steht zu Beginn der Geschichte, die Gott in Jesus mit uns Menschen schreibt. Bei Jesaja (Jes 43,1) spricht Gott: Ich habe dich erlöst, ich habe dich bei deinem Namen gerufen, du bist mein! Gott ruft uns persönlich. Und so wie Gott uns gerufen hat, so dürfen wir diesen Ruf weitergeben.

FRAGEN: Spreche ich über meinen Glauben? Erzähle ich anderen von Gottes Liebe? Teile ich mit anderen die Gnade, von der ich selbst lebe?

3. „TAT" – Ärmel hoch! (Mt 26,6-13)
Warum tut diese Frau das? Die Antwort ist einfach: Glauben heißt handeln (vgl. „Jesu Antrittsrede", Lk 4). Nicht, um uns einen guten Platz im Himmel zu verdienen, sondern aus der Dankbarkeit heraus reden und handeln wir. Mein Gegenüber wird dann meine Worte verstehen, wenn er sieht, wie ich meine Worte in meinem eigenen Leben umsetze.

FRAGEN: Handle ich aus Dankbarkeit heraus? Erkennt mein Gegenüber, dass mein Reden und mein Handeln identisch sind?

4. „LEBEN" – drei ... zwei ... meins! (Joh 4)
Eine Frau, ein Brunnen, Jesus und ein Gespräch. Dieses Gespräch verändert das Leben der Frau. Aber nicht nur weil Jesus ihre „Schattenseite" aufdeckt, sondern weil er sie ernst nimmt. Die Frau läuft in ihr Dorf und sagt: „Kommt und seht, ob das nicht der Christus ist!" Warum? Aus ihrer persönlichen Erfahrung heraus spricht sie. Sie läuft nicht in das Dorf und stellt neue wunderbare Glaubenssätze auf, sondern der erlebte Moment bewegt sie. Das, was in ihrem Leben geschehen ist, beschäftigt sie und mehr nicht. Erzähl anderen das, was dir persönlich passiert ist! Nicht das, was anderen passiert. Oft erlebe ich Menschen, die Glaubenserlebnisse anderer noch besonders aufbauschen. Das hört sich ja alles schön an und sicherlich wollen diese Menschen das auch zum Lob Gottes erzählen. Diejenigen, die aber keine derartigen Erfahrungen mit Gott machen oder gemacht haben, stimmt das höchstens glaubensmürbe und bringt sie auf die Frage, warum Gott so an ihnen nicht handelt.

FRAGE: Hat das, was ich erzähle, auch wirklich mit meinem eigenen (Glaubens-) Leben zu tun?

5. „OHNE FURCHT" – mutige Worte eines Feiglings (Apg 2)
Ich kenne ihn nicht! (Mk 14) – gerade hat Petrus noch seinen Herrn verleugnet und jetzt steht er vor vielen Menschen und predigt ihnen den „gestorbenen und auferstandenen Christus". Petrus, der Ängstliche, und dann an Pfingsten: Petrus, der Mutige. Der an diesem Tag, trotz aller Gefahren und Schwierigkeiten, die auf ihn zukommen werden, seinen Auftrag wahrnimmt (Mt 16,18) und mit dem Heiligen Geist erfüllt mutig für seinen Glauben einsteht.

FRAGEN: Habe ich den Mut, vor anderen über meinen Glauben zu reden? Bitte ich dafür Gott um seinen Heiligen Geist?

6. „OHNE HEUCHELEI" – Show must go on? (Mt 6,2.5.17; Mt 7,5)
Jesus ist für die Schwachen gekommen (Lk 5,31). Er grenzt nicht aus. Er nimmt die Sünder an (Mt 9,13). Aber er hat eine „Randgruppe" auf dem Kieker. Nämlich die Heuchler. Sie spielen nur eine fromme Show. Sie versuchen alles, um nach außen „astrein" und sauber zu wirken. Teile mit deinem Gegenüber deinen Glauben! Teile Zweifel und Fragen, auch wenn du dann nicht mehr als der Superchrist, sondern als ganz normaler Mensch gesehen wirst.

FRAGE: Gehe ich anderen gegenüber ehrlich mit meinen eigenen Zweifeln und Fragen um?

Wenn ich diese sechs Punkte bedenke, dann werde ich „den Juden ein Jude" (1. Kor 9,20), „dem Schüler ein Schüler" und als „Mensch ein Mensch an der Seite eines anderen Menschen". Das wird mein Reden verständlicher machen. Das zu Beginn zitierte Wort Bonhoeffers ist dafür ein Wunsch, eine Vision:
„Es ist nicht unsere Sache, den Tag vorauszusagen – aber der Tag wird kommen –, an dem wieder Menschen berufen werden, das Wort Gottes so auszusprechen, dass sich die Welt darunter verändert und erneuert. Es wird eine neue Sprache sein, vielleicht ganz unreligiös, aber befreiend und erlösend, wie die Sprache Jesu, dass sich die Menschen über sie entsetzen und doch von ihrer Gewalt überwunden werden, die Sprache einer neuen Gerechtigkeit und Wahrheit, die Sprache, die den Frieden Gottes mit den Menschen und das Nahen seines Reiches verkündigt ..."

Das wünsche ich mir von meinem eigenen Reden. Denn so einfach das alles auch klingen mag, fällt es mir trotzdem immer wieder schwer! Immer wieder stehe ich vor der Frage, ob das, was ich rede, wirklich so ankommt, wie ich es meine und selbst glaube. Und wenn mir dann nach dem hundertsten Gespräch ein ganz neuer „Fall" gegenübersitzt, dann frage ich mich erneut: „Wie sag ich's ihm oder ihr nur richtig?" Und dadurch nehme ich Gott und mein Gegenüber ernst. Und dann, dann werde ich es schon richtig sagen und Gott wird bestimmt das Richtige daraus machen.

WAKE UP
(Einstieg)

WALK
(Bibeltext)

INTERAKTIV
(Gruppenarbeit oder
persönliche Arbeit, Vertiefung)

SAVE
(Fragen zur Einheit, Vertiefung)

HAPPY END
(Abschluss, Erinnerungsaktion)

Einheit 1:
Der Gott, der dich ruft

Worum geht es in dieser Einheit?

Es geht darum, Gott kennen zu lernen als Vater, als Gott, der auf der Suche nach uns Menschen ist. Gott sucht. Er rennt wie ein Hirte die Berge hoch, um uns zu finden. Wie ein Vater wartet er darauf, dass seine Kinder zu ihm kommen und ihm vertrauen, ihm seine Liebe glauben. Der Bibeltext in dieser Einheit erzählt eindrücklich, wie sich Gott nicht schont, sich nicht zu schade ist, wie Gott sich nicht damit abfindet, dass ein einzelnes Schaf verloren ist, wie Gott nicht rechnet und sich nicht einfach über die freut, die noch geblieben sind. Die Teilnehmer lernen etwas über Gottes Art, seine Liebe, die ihn zu den Menschen hin bewegt.

WAKE UP

Baustein 1: Videoclip

In dem Videoclip wird die Liebe und Sehnsucht Gottes spürbar. Diesen liebenden Gott, der uns so sehr liebt, dass er uns auch die Wahrheit über unser Leben nicht verschweigt und alles einsetzt, um uns zu retten, verkündigen wir in diesen Einheiten. Deine Worte, aber vor allem dein Leben dürfen zu diesem Gott einladen. Vielleicht ist der Clip auch ein spannender Einstieg über die verschiedenen Gottesbilder zu reden, die in unseren Köpfen (und Herzen) sind.
Frage: Wie kam es eigentlich zu dem jeweiligen Gottesbild?

Baustein 2: Geschichte

Folgende Geschichte kann von einem Mitarbeiter oder Teilnehmer vorgelesen werden:

Neulich …
habe ich eine erstaunliche Geschichte in der Zeitung gelesen. Ein Vater und sein Sohn hatten sich so schrecklich gestritten, dass der Sohn sagte: „Ich gehe! Ich schäme mich für dich! Ich will nichts mehr mit dir zu tun haben!“ Der Vater ließ sein Kind gehen. Aber nach einer Weile beschloss er, ihn zu suchen, und überlegte, wie er Kontakt aufnehmen könnte. Da hatte er die Idee eine Zeitungsannonce zu schalten. „Pablo!“, hieß es da – denn die Geschichte ereignete sich in Spanien und Pablo ist hier ein sehr populärer Jungenname –, „Pablo, komm doch am Sonntag um 15 Uhr zum Kiosk am Hauptbahnhof. Lass uns miteinander reden! Alles kann in Ordnung kommen. Dein Vater.“ Die Annonce wurde geschaltet. Und am Sonntag um 15 Uhr kamen über 100 Jungen, die Pablo hießen, zum Kiosk am Bahnhof. Alle in der Erwartung, ihren Vater zu treffen. So ist Gott. Er sagt zu jedem: „Lass uns miteinander reden! Alles kann in Ordnung kommen. Dein Vater.“

Infopoint

Im Zuge der Reformation hat Martin Luther den so genannten „Kleinen Katechismus“ geschrieben. Er sollte dem Volk in ihrer Sprache den Glauben erklären.
Der kleine Katechismus (Dr. Martin Luther) / Das zweite Hauptstück:
Der Glaube

DER ERSTE ARTIKEL.
VON DER SCHÖPFUNG
Ich glaube an Gott, den Vater, den Allmächtigen, den Schöpfer des Himmels und der Erde. Was ist das? Ich glaube, dass mich Gott geschaffen hat samt allen Kreaturen, mir Leib und Seele, Augen, Ohren und alle Glieder, Vernunft und alle Sinne gegeben hat und noch erhält; dazu Kleider und Schuh, Essen und Trinken, Haus und Hof, Weib und Kind, Acker, Vieh und alle Güter; mit allem, was Not tut für Leib und Leben, mich reichlich und täglich versorgt, in allen Gefahren beschirmt und vor allem Übel behütet und bewahrt; und das alles aus lauter väterlicher, göttlicher Güte und Barmherzigkeit, ohn all mein Verdienst und Würdigkeit: für all das ich ihm zu danken und zu loben und dafür zu dienen und gehorsam zu sein schuldig bin. Das ist gewisslich wahr.

Baustein 3: Aktion

Überleg mal, wann du das letzte Mal etwas verloren und verzweifelt danach gesucht hast!
Was hast du empfunden?
Hast du andere aufgefordert mitzusuchen?
Was für ein Gefühl war das, als du es wieder gefunden hast?

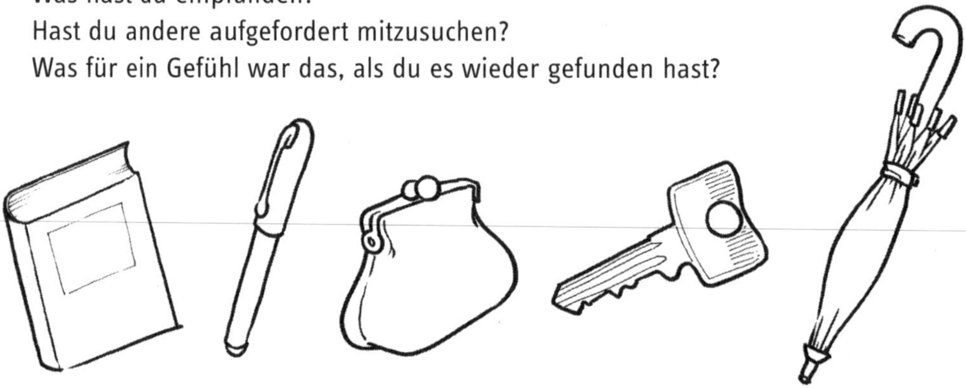

Die bisherigen Erfahrungen aus den verschiedenen Bausteinen haben die Teilnehmer sensibilisiert. Jetzt wird es Zeit für die Auseinandersetzung mit einem Bibeltext.

WALK

Lukas 15,1-7
Viele Zollbeamte und andere verrufene Leute kamen immer wieder zu Jesus, um ihn zu hören. Empört zischten die Pharisäer und Schriftgelehrten: „Mit welchem Gesindel gibt der sich da ab! Und nicht genug, dass er mit ihnen redet: Er setzt sich sogar mit ihnen an einen Tisch!" Jesus benutzte wieder ein Gleichnis, um es ihnen zu erklären: „Wenn du hundert Schafe hast, und eins läuft weg, lässt du dann nicht die neunundneunzig allein zurück, um das verlorene zu suchen, bis du es gefunden hast? Glücklich wirst du es dann auf deinen Schultern nach Hause tragen und deinen Freunden und Nachbarn zurufen: ‚Kommt her, freut euch mit mir, ich habe mein Schaf wieder gefunden!' So wird man sich auch im Himmel über einen verlorenen Sünder, der zu Gott umkehrt, mehr freuen als über neunundneunzig andere, die es nicht nötig haben, Buße zu tun."

Was will uns der Text sagen?
Gemeinsam gilt es nun den Bibeltext „durchzubuchstabieren":

Tipp: Es ist gut, wenn du dich so vorbereitest, dass du den Inhalt mit deinen eigenen Worten wiedergeben kannst!

Vers 1: Jesus war ein offener Mensch. Er suchte Zeiten der Ruhe und Einsamkeit, um zu beten und mit seinem Vater im Himmel zu sprechen. Und er umgab sich mit engen Freunden, die ihm vertrauten und die er ausgewählt hatte. Aber die meiste Zeit konnten die Leute zu ihm kommen und er nahm sich Zeit für sie. Er war offen für die Anliegen der Menschen, bereit, auf sie zuzugehen und auf ihre Bitten und Fragen zu reagieren. Dabei machte er keine Unterschiede: Er diskutierte mit den Gelehrten, die mit ihm über die Auslegung der Bibel reden wollten. Er redete mit Männern und mit Frauen. Er sprach mit ihnen, vertraute sich ihnen an. Er lehrte sie und er heilte sie. Er hatte keine Berührungsängste mit Kranken. Und er schickte die Kinder nicht weg, für ihn waren sie wichtig und er segnete sie. Er ließ sich von einer Frau salben, die als Prostituierte stadtbekannt war. Und er ließ sich von

Zollbeamten einladen, die einen Job hatten, der sie bestechlich machte und in dem sie von den verhassten Römern gekauft werden konnten. Menschen sehen, was sie vor Augen haben. Jesus sieht ihr Herz an. Jesus zeigt uns Gott, der die Nähe zu allen Menschen sucht.

Vers 2: „Was hast du hier verloren?", wollen die Gelehrten wissen. „Verloren?", fragt Jesus. „Da will ich euch eine passende Geschichte erzählen. Eine. Und dann noch eine. Und dann noch eine dritte. Bis ihr verstanden habt, was ich meine!" Die Gelehrten sehen nicht das Gemeinsame aller Menschen, die Sehnsucht, die alle teilen, oder das Bedürfnis nach Liebe, das alle haben. Sie teilen die Menschen ein in: bei Gott und weg von Gott, gerecht und sündig, heilig und verloren, rein und dreckig, gut und böse, richtig und falsch, gerettet und verloren. Zollbeamte gehören auf jeden Fall zur zweiten Gruppe und sind verloren. Jesus identifiziert sich mit den Menschen, mit allen. Gott wird in Jesus Mensch, einer von ihnen, einer von uns, einer von jedem. Er teilt nicht ein. Er will alle. Er sucht alle. Er rennt jedem hinterher. 99 Schafe sind nicht genug. Er will, dass alle 100 zusammen sind.

Vers 3: Jesus erzählte Geschichten, er hatte Fantasie, erfand neue Bilder oder machte die alten Geschichten lebendig. Jesus redete anschaulich, oft in Gleichnissen. In dem Kapitel, aus dem unser Text ist, vergleicht er Gott erst mit einem Hirten, dem ein Schaf verloren geht, dann mit einer Frau, die eine Münze verliert, und zuletzt mit einem Vater, der seinem verlorenen Sohn alle Türen offen hält. Seine Geschichten kommen aus der Erfahrungswelt seiner Zuhörerinnen und Zuhörer. Jesus vergleicht Gott. Das zweite Gebot sagt, dass sich niemand ein Bild von Gott machen soll. Das bedeutet zunächst, dass man nicht ein Götzenbild anbeten soll, und darüber hinaus heißt es: Du sollst Gott nicht festlegen auf ein Bild! Ja, du kannst Gott nicht einschränken auf ein Bild. Gott ist größer als alle Bilder. Wir haben kein Foto von Gott. Gleichzeitig erzählt die ganze Bibel und Jesus im Besonderen von Gott in ganz verschiedenen Bildern: vom Vater, vom Hirten, vom Licht, vom Tröster, vom König, vom Richter, von der Quelle. Jesus erzählt menschlich von Gott, so dass wir verstehen, wie Gott ist: zum Beispiel wie ein Hirte, eine ganz bestimmte Sorte Hirte sogar: wie ein Hirte, dem jedes einzelne Schaf total viel bedeutet!

Vers 4: Was würde ein Unternehmensberater dazu sagen oder ein Wirtschaftswissenschaftler? Wie kann man die 99 gehorsamen Schafe allein lassen, nur um eins zu finden? Das rechnet sich doch gar nicht! Jesus sagt, dass Gott wie ein Hirte ist. Dem Hirten bricht es fast das Herz, als er abends beim Zählen feststellen muss, dass eins fehlt. Die Herde ist nicht komplett! Das ist das Schlimmste, was passieren kann. Und der Hirte sucht und ruft das Schaf mit Namen und rennt über die Felder und kraxelt die Berge hoch, verfängt sich in den Dornen, hat Kratzer am Bein, stolpert, rennt weiter. Und als er das verlorene, weggerannte Schaf entdeckt, freut er sich riesig. Alles ist wieder gut. Er hat es noch rechtzeitig wieder gefunden, bevor das Schlimmste passieren konnte und das Schaf umgekommen wäre, verhungert, erfroren oder von einem Wolf geschnappt.

Vers 5 und 6: Und der Hirte nimmt das Schaf zärtlich, behutsam und liebevoll auf den Arm und bringt es zurück zu den anderen. Der Hirte droht nicht, tritt nicht, straft nicht und schlägt nicht. Er selbst trägt das Schaf, das vielleicht erschrocken ist oder ganz naiv noch gar nicht mitbekommen hat, in welcher Gefahr es war. Glücklich ist der Hirte, als er das Schaf wieder gefunden hat, so glücklich, so erleichtert, dass er es allen erzählen muss, die er trifft. Auf dem Weg zurück zum Stall trifft er viele Bekannte und jedem muss er die Geschichte von seinem verlorenen Schaf erzählen. Abends sitzt er bei seinen Freunden und kann immer wieder nur diese schöne Geschichte wiederholen. Sie bewegt sein Herz. Er kann nicht für sich behalten, was passiert ist. Immer wieder erzählt er, wie groß seine Sorge war, seine Angst, die Anstrengung und wie riesig die Freude am Ende. Und alle seine Freunde, die das hören, freuen sich mit. Man spürt dem Hirten ab, dass sein Glücksgefühl echt ist, und es springt auf alle anderen um ihn herum über.

Vers 7: Jesus schließt die Geschichte mit einer kleinen Erklärung ab. Sie war ein Beispiel für die Großzügigkeit Gottes, für seine Sorge um einzelne Menschen, für die Mühe, die er für einzelne Menschen investiert, für seine Freude, die er empfindet, wenn ein Einzelner sich wieder findet in den Armen Gottes.

Lest gemeinsam den Psalm 23!

Der Herr ist mein Hirte. Nichts wird mir fehlen. Er weidet mich auf saftigen Wiesen und führt mich zu frischen Quellen. Er gibt mir neue Kraft. Er leitet mich auf sicheren Wegen, weil er der gute Hirte ist. Und geht es auch durch dunkle Täler, fürchte ich mich nicht, denn du, Herr, bist bei mir. Du beschützt mich mit deinem Hirtenstab. Du lädst mich ein und deckst mir den Tisch vor den Augen meiner Feinde. Du begrüßt mich wie ein Hausherr seinen Gast und gibst mir mehr als genug. Deine Güte und Liebe werden mich begleiten mein Leben lang; in deinem Haus darf ich für immer bleiben.

INTERAKTIV

Aber wie ist Gott eigentlich?

„Gott ist für mich ..."
(allmächtig, alt, Bruder, entschlossen, erfolgreich, Vater, ewig, fleißig, Freund, erfahren, großzügig, heilig, Hirte, interessiert, Jesus, König, Künstler, Kraft, lebendig, Lehrer, Licht, Liebe, Mensch, mutig, Mutter, Opa, Polizist, Quelle, Richter, schnell, Schönheit, Schöpfer, Schutz, streng, traurig, Tröster, verantwortungsbewusst, vertrauensvoll, vollkommen, Wind ...)

Die Kursteilnehmer schreiben auf ein großes Blatt Papier alle Bilder, Namen, Vergleiche und Eigenschaften, die ihnen einfallen, um Gott zu beschreiben.

Tipp: Jeder kann aus der Menge der Bilder und Vergleiche für Gott jeweils ein Bild auswählen, das ihm sehr fremd ist, und eins, das ihm sehr vertraut ist.

Die Teilnehmer sollen nun erklären, was sie mit den beiden Bildern verbindet und was sie ihnen bedeuten.

Anregende Fragen dazu
Was sagt das Bild über Gott - welche Eigenschaften hat er?
Was ist sein Hauptinteresse, was sind seine Haupteigenschaften?
Und was sagt das Bild über dich - und über deine Beziehung zu Gott?
Welche Bilder davon findet ihr auch in der Bibel?

Durch vorbereitete Bibelsprüche (z.B. aus den Psalmen) kann die Auswahl der biblischen Bilder Gottes verdeutlicht werden.

Welche Bilder davon finden die Teilnehmer auch in der Bibel? Der Psalm 23 von David war ein Gebet. Genauso können die Teilnehmer selbst Gebete formulieren. Verwendet dazu die Kopiervorlage auf Seite 32.

Zum Beispiel ein Gebet eines Computerfreaks:
„Gott ist mein Programmierer, ich werde nicht abstürzen. Er hat seine Software installiert auf der Festplatte meines Herzens. Alle seine Gebote sind benutzerfreundlich. Und wenn ich manchmal durch die Textwüste nicht durchsteige, ist er mein Backup. Sein Passwort schützt mich ..."

Oder zum Beispiel als Vergleich für eine wunderbare Freundschaft:
„Gott, du bist wie meine beste Freundin. Ich bin nie allein. Gott, du stellst mir die richtigen Fragen und hörst mir immer zu. Gott, du teilst deine Erfahrungen mit mir und hältst dich nicht zurück, mir zu helfen. Gott, du springst für mich ein, wenn ich nicht weiterweiß, und stellst dich vor mich, wenn ich angegriffen werde. Du lädst mich zur dir nach Hause ein und in deinem Zimmer fühle ich mich wohl und ganz geborgen. Ich weiß, dass du nie über mich lästerst, sondern mir die Wahrheit sagst und immer zu mir stehst. Ich vertraue darauf, dass unsere Freundschaft für immer hält."

Ein Glaubensbekenntnis aus Südafrika
Ich glaube an Gott,
der die Menschen schuf sich zum Bilde:
als Mann und Frau,
Schwarze und Weiße,
Kinder und alte Menschen.
Die Tänzerin und den Firmenchef,
den Zeitungsverkäufer, die Friseurin,
den Musiker, den Tankwart,
die Dichterin, den Pastor,
den Popstar, die Kassiererin,
das Kindermädchen, den Taxifahrer,
den Designer, die Lehrerin.
Ich glaube an Gott,
der die Menschen schuf sich zum Bilde:
so groß und bunt bist du, mein Gott.
Er spiegelt sich in uns allen.
Vollkommen sein Bild ist Jesus.
Er zeigt uns, dass Gott die Liebe ist.
Er zeigt uns, dass Gott sucht, was verloren ist.
Er zeigt uns, dass Gott uns nah ist. Amen

Tipp: Lass den Leuten Zeit! Vielleicht kannst du leise Musik im Hintergrund laufen lassen. Das nimmt die peinliche Stille und die Teilnehmer haben die Möglichkeit, in Ruhe ihr Gebet zu formulieren.

SAVE

Jetzt gilt es das Besprochene festzuhalten und zu sichern. Die Teilnehmer können sich nun zu folgenden Fragen ihre persönlichen Gedanken machen und diese dann mit ihrem Nachbarn oder in der Gruppe besprechen.
Die erste Frage wird dir als Mitarbeiter die Möglichkeit eröffnen, mit den Teilnehmern ungezwungen ins Gespräch zu kommen. Irgendwelche Bilder oder Vergleiche werden den Jugendlichen z.B. aus dem Religionsunterricht bekannt sein. Gerade am ersten Abend gilt es sich vorsichtig an persönliche Anfragen heranzuwagen und nicht mit der „Tür ins Haus" zu fallen. (Kopiervorlage auf Seite 36)

Tipp: Je nachdem, wie du die Gruppe bei diesem ersten Treffen einschätzt, kannst du die Zeit lassen, in der jeder, der will, diesen Dank laut aussprechen kann!

HAPPY END

Verteil ein paar kleine, bunte Zettel und Filzstifte! Jede und jeder schreibt ein einziges Wort auf, das sagt, was sie/er am dringendsten von Gott braucht: Mut, Liebe, Zeit, Großzügigkeit, Entschlossenheit ...

Dieser Zettel kommt zu Hause dann an eine wichtige Stelle, an der man ihn nicht übersieht (Spiegel, Geldbeutel ...).

1. Menschen machen Erfahrungen mit Gott und lernen so seine Eigenschaften kennen. Welche „Entdeckungen“ fallen dir aus der Bibel, deinem Umfeld oder deinem eigenen Leben ein?

2. Welche Seite an Gott ist dir bisher fremd gewesen?

3. Welche möchtest du kennen lernen? Was würde sich dadurch verändern?

DANK-STELLE

Für welche Eigenschaft Gottes, die du heute neu an ihm entdeckt hast, willst du Gott danken? Was bedeutet das für dein Gottesbild?

Einheit 2:
Der Sohn, der dich rettet

Worum geht es in dieser Einheit?

„Verkehrssünder" gibt es! Klar, dafür gibt es dann auch „Punkte in Flensburg". Mit einem Stück Kuchen zu „sündigen" wird meistens nur von der Waage geahndet. Im Mittelalter konnte man sich von seinen Sünden freikaufen, während Sünde heute eigentlich nicht sonderlich zu den Modewörtern gehört.
Stellt zu Beginn den Leuten das Thema vor. Es geht um Jesus Christus und wie er uns am Kreuz von der Sünde befreit hat. „Sünde" ist bestimmt kein „Spaßthema" und dennoch geht es darum, den Kursteilnehmern die Chance der Vergebung durch Jesus Christus in dieser Einheit schmackhaft zu machen. Dabei gilt es die menschliche Trennung zu Gott zu verdeutlichen ohne gesetzlich zu werden. Die „Sünde" als klare Schuld beim Namen zu nennen, aber genau dadurch noch mehr von der Vergebung, dem Neuanfang und der Gnade Gottes zu sprechen, soll die befreiende und einladende Botschaft des Abends sein.

WAKE UP

Baustein: Videoclip
Wer war eigentlich Jesus? Was wissen die Kursteilnehmer? Was weißt du? Die Antworten der Kinder helfen ins Gespräch zu kommen. Sicher haben die Kursteilnehmer auch ihre Fragen und ihre Gedanken zur Person Jesus beizusteuern.

Dieser Eröffnungsteil kann im Plenumsgespräch laufen. Je nach Gruppensituation wären auch verschiedene Aktionen denkbar, die die Überlegungen der Kursteilnehmer „ankurbeln“: ein Gedicht, herausfordernde Fragen, provozierende Zeitungsartikel, ein Lied oder spielerisches Erarbeiten.

Aber halt! Sünde? Was ist das eigentlich? (Kopiervorlage Seite 39).

Tipp: An dieser Stelle ist es wichtig, den Teilnehmern Platz zum Reden und Aufschreiben zu lassen.
Jeder hat seine unterschiedlichen Erfahrungen mit dem Begriff „Sünde“. In den unterschiedlichen Frömmigkeitsstilen und Konfessionen wird der Begriff meist auch unterschiedlich gefüllt.

Infopoint

Der kleine Katechismus
(Dr. Martin Luther)
Das zweite Hauptstück:
Der Glaube

DER ZWEITE ARTIKEL.
VON DER ERLÖSUNG
Und an Jesus Christus, seinen eingeborenen Sohn, unsern Herrn, empfangen durch den Heiligen Geist, geboren von der Jungfrau Maria, gelitten unter Pontius Pilatus, gekreuzigt, gestorben und begraben, hinabgestiegen in das Reich des Todes, am dritten Tage auferstanden von den Toten, aufgefahren in den Himmel; er sitzt zur Rechten Gottes, des allmächtigen Vaters; von dort wird er kommen, zu richten die Lebenden und die Toten.

Was ist das?
Ich glaube, dass Jesus Christus, wahrhaftiger Gott vom Vater in Ewigkeit geboren und auch wahrhaftiger Mensch von der Jungfrau Maria geboren, sei mein Herr, der mich verlornen und verdammten Menschen erlöset hat, erworben, gewonnen von allen Sünden, vom Tode und von der Gewalt des Teufels; nicht mit Gold oder Silber, sondern mit seinem heiligen, teuren Blut und mit seinem unschuldigen Leiden und Sterben; damit ich sein eigen sei und in seinem Reich unter ihm lebe und ihm diene in ewiger Gerechtigkeit, Unschuld und Seligkeit, gleichwie er ist auferstanden vom Tode, lebet und regieret in Ewigkeit.
Das ist gewisslich wahr.

Was verstehst du unter dem Wort Sünde?
Deine Überlegungen kannst du hier aufschreiben!

SÜNDE

In der Bibel finden wir das Wort Sünde genau 372-mal. Eine dieser Stellen wollen wir unter die Lupe zu nehmen:

WALK

Lukas 5,1-11: Jesus beruft seine ersten Jünger

Eines Tages drängte sich am See Genezareth eine große Menschenmenge um Jesus. Alle wollten Gottes Wort hören. Am Ufer lagen zwei leere Boote. Die Fischer hatten sie verlassen und arbeiteten an ihren Netzen. Da stieg Jesus in das Boot, das Petrus gehörte, und bat den Fischer, ein Stück auf den See hinauszurudern, damit ihn alle besser sehen und hören konnten. Vom Boot aus sprach Jesus dann zu den Menschen. Anschließend sagte er zu Petrus: „Fahrt jetzt weiter auf den See, und werft eure Netze aus!" „Herr", gab Petrus zu bedenken, „wir haben die ganze Nacht gearbeitet und nichts gefangen. Aber weil du es sagst, will ich es wagen." Sie warfen ihre Netze aus und fingen so viele Fische, dass die Netze zu zerreißen drohten. Deshalb winkten sie den Fischern im anderen Boot, ihnen zu helfen. Bald waren beide Boote bis zum Rand beladen, so dass sie beinahe sanken. Als Petrus das sah, fiel er erschrocken vor Jesus nieder und rief: „Herr, geh weg von mir! Ich bin ein sündiger Mensch!" Er und alle anderen Fischer waren fassungslos über diesen Fang, auch Jakobus und Johannes, die Söhne des Zebedäus, die Petrus bei der Arbeit geholfen hatten. Aber Jesus sagte zu Petrus: „Fürchte dich nicht! Du wirst jetzt keine Fische mehr fangen, sondern Menschen für mich gewinnen." Sie brachten die Boote an Land, verließen alles und gingen mit Jesus.

In vier Punkten führt dieser Text zu unserem Thema:

1. „Du bist der Herr!"

Fische fangen! Ein toller Job! Die ganze Nacht haben Petrus und seine Kollegen die Netze ausgeworfen und nichts gefangen. Nichts! Und dann kommt dieser Jesus und meint, dass sie die Netze noch einmal auswerfen sollen. Dabei weiß jeder, dass die Fische am Tag nicht an der Oberfläche sind – also was soll das? Aber Petrus sagt: „Herr, weil du es sagst, will ich es wagen!" Dieses „Wagnis" bringt den Fischern einen großen Fang ein. Ein Wunder! Jesus ist der Herr auch über die Naturgewalten. Was hat Petrus gerade erlebt? Er nahm Jesus beim Wort, obwohl er selbst nicht mit einem derart großen Ergebnis gerechnet hätte. Aber weil Jesus es sagt – deshalb wagt er sich noch einmal an die Arbeit. Er vertraute Jesus und er wurde nicht enttäuscht. Vertrauen! Können wir das? Wollen wir das?

Überlegt gemeinsam, wo es sich gelohnt hat, jemandem zu vertrauen, und wo die Teilnehmer schon einmal enttäuscht wurden! Wie ist das eigentlich? Kann man Gott einfach so vertrauen?

2. „Geh weg!“

Petrus begegnet Jesus. Statt einem „Dankeschön!“ kommt ein „Geh weg von mir! Ich bin ein sündiger Mensch!“ Das ist ja höflich! Petrus erkannte, dass er diesem Jesus nicht gegenübertreten konnte, weil da etwas zwischen ihnen stand. Und genau das brachte er auf den Punkt: die Sünde.

Was ist eigentlich Sünde?

Hier eine Definition: „Sünde, in der christlichen Theologie geprägte und heute auch in anderen Religionen übliche Bezeichnung für ein das Gott-Mensch-Verhältnis störendes Handeln des Menschen, besonders die (bewusste) Verletzung beziehungsweise Missachtung göttlicher Gebote“ (Quelle: Der Brockhaus in einem Band).

Überlegt, was das Wort „Sünde“ heute in unserem Leben bedeutet!

Ein gestörtes Verhältnis also zwischen Gott und den Menschen. Ein Bruch. Der Apostel Paulus schreibt in Römer 7,24: „Ich stelle also fest: Innerlich stimme ich zwar dem Gesetz Gottes zu, aber in meinen Taten folge ich dem Gesetz der Sünde. Ich unglückseliger Mensch.“

Schuld und Sünde waren auch schon im alten Israel bekannt. Im Alten Testament finden wir die Aussage, dass unser Problem als Menschen ist, dass wir „so sein wollen wie Gott“. Wir trauen Gott nicht zu, dass er sich um uns kümmern wird und uns ein erfülltes Leben schenken kann. Wir versuchen unseren Lebenshunger selbst zu stillen und das trennt uns von Gott. Sicher kennst du den Begriff „Sündenbock“ – ein sehr alter Begriff, denn schon zu Zeiten des Alten Testamentes war die Sünde im Bewusstsein der Menschen. Einmal im Jahr wurde ein Bock symbolisch mit der Schuld des Volkes Israel beladen und in die Wüste gejagt, als Zeichen, dass Gott seinem Volk die Schuld vergibt. In dieser Zeit schickte Gott immer wieder Propheten, die seinem Volk Mut machen, sie aber auch vor den Folgen der Sünde warnen sollten. Der Prophet Jesaja richtet dem Volk Israel folgenden Zuspruch Gottes aus:

„Hab keine Angst, Israel, denn ich habe dich erlöst! Ich habe dich bei deinem Namen gerufen, du gehörst zu mir“ (Jesaja 43,1).

Gott will die Gemeinschaft mit den Menschen. Aber diese Botschaft kommt nicht immer an. Wir können Gottes Heil nicht empfangen und seine gute Botschaft nicht hören.

„Ihr meint wohl, der Herr sei zu schwach, um euch zu helfen, und dazu noch taub, so dass er eure Hilferufe gar nicht hört. O nein! Eure Schuld – sie steht wie eine Mauer zwischen euch und eurem Gott! Eure Sünden verdecken ihn, darum hört er euch nicht“ (Jesaja 59,1.2).

Sünde – also ein altes Problem ... und heute?

3. „Fürchte dich nicht!“

Von wegen! Gerade haben wir gelesen, dass die Sünde uns von Gott trennt. Alles aus und vorbei? Es gibt doch sowieso keine Chance mehr.
Von wegen! Paulus benennt die Konsequenzen der Sünde, aber er weiß auch die Lösung: Der Sohn, der dich rettet!

„Denn die Sünde wird mit dem Tod bezahlt. Gott aber schenkt uns in der Gemeinschaft mit Jesus Christus, unserem Herrn, das ewige Leben, das schon jetzt beginnt und niemals aufhören wird“ (Römer 6,23).

Jesus Christus kam auf die Erde, um genau mit diesen Missständen aufzuräumen. In seiner „Antrittsrede“ in Jerusalem bringt er das auf den Punkt: Im Auftrag Gottes will er die verlorene Gottesbeziehung wiederherstellen.

„Mit mir ist der Geist des Herrn, weil er mich berufen hat. Er hat mich beauftragt, den Armen die frohe Botschaft zu bringen. Den Gefangenen soll ich die Freiheit verkünden, den Blinden sagen, dass sie sehen werden, und den Unterdrückten, dass sie bald von jeder Gewalt befreit sein sollen“ (Lukas 4,18).

Jesus erzählte von Gottes Reich der Liebe, er heilte Kranke und kümmerte sich um die Menschen, die durch ihre Schuld geplagt kein fröhliches Leben führen konnten. Er sprach davon, dass er das Leben und der neue Weg zu Gott ist. Er vergab den

Menschen ihre Sünden und rief sie in seine Nachfolge. Er sagte von sich: „Ich bin geboren und in diese Welt gekommen, um ihr die Wahrheit zu bezeugen. Wer bereit ist, auf die Wahrheit zu hören, der hört auf mich“ (Johannes 18,37).

Viele folgten ihm deshalb nach. Vielen war er aber genau deshalb unangenehm. Es passte nicht in ihr religiöses Weltbild, dass der Weg zu Gott nicht über Leistung geschieht. Sie verurteilten ihn und schlugen ihn ans Kreuz. Am Kreuz vollendete sich Jesu Auftrag. Schon bei Jesu Taufe hatte das Johannes der Täufer angekündigt: „Seht, das ist Gottes Opferlamm, das die Sünden aller Menschen hinwegtragen wird“ (Johannes 1,29).

Jesus starb für unsere Sünden am Kreuz. Für uns! Für dich!
Die Bibel schreibt: „Obwohl er Gott in allem gleich war und Anteil an Gottes Herrschaft hatte, bestand er nicht auf seinen Vorrechten. Nein, er verzichtete darauf und wurde rechtlos wie ein Sklave. Er wurde wie jeder andere Mensch geboren und lebte als Mensch unter uns Menschen. Er erniedrigte sich selbst und war Gott gehorsam bis zum Tod, ja, bis zum schändlichen Tod am Kreuz“ (Philipper 2,8).

Alles aus und vorbei? Von wegen! Jesus wurde von Gott nach drei Tagen wieder auferweckt und hat so die Grenzen des Todes überschritten! Er sagt: „Ich bin die Auferstehung, und ich bin das Leben. Wer an mich glaubt, der wird leben, selbst wenn er stirbt“ (Johannes 11,25).

Wer die Osterbotschaft gehört hat, der kann nicht mehr mit tragischem Gesicht umherlaufen und die humorlose Existenz eines Menschen führen, der keine Hoffnung hat. (Karl Barth)

4. „Auf geht's!“
Petrus hat den Ruf Gottes ganz persönlich gehört. Immer wieder finden wir Stellen, in denen Jesus Menschen in seine Nachfolge ruft: „Komm heim!“ – „Folge mir nach!“ – „Komm mit mir!“ – „Ich zeige dir Wege zum echten Leben!“

Und wir?
Auch wir dürfen uns heute mit Jesus „auf den Weg machen“! Ihm nachfolgen. Wir dürfen Gottes „Ja“ mit unserem „Ja“ erwidern. Wir dürfen sein Geschenk der Vergebung annehmen und so befreit von allem ein Leben mit ihm leben. Willst du das?

Aber VORSICHT: Ein Spaziergang wird das nicht! Jeder Mensch ist und bleibt ein Mensch – kein Superman oder Hobbyheiliger! Wir werden in unserem Leben kräftig auf die Nase fallen, aber dürfen auch lernen wieder aufzustehen, weil Jesus dir immer wieder aufhelfen wird! In kleinen Schritten dürfen wir das lernen umzusetzen, was wir von Gott begriffen haben! Wenn ihr euch näher mit der Person des Petrus beschäftigt, werdet ihr merken, dass Nachfolge seine Zeit braucht ...

Das christliche Leben ist nicht Frommsein, sondern fromm werden, nicht Gesundsein, sondern gesund werden, überhaupt nicht Sein, sondern ein Werden, nicht Ruhe, sondern Übung. Wir sind's noch nicht, wir werden's aber. Es ist noch nicht getan und geschehen, es ist aber auf dem Weg. Es glüht und glänzt noch nicht alles, es bessert sich aber alles. (Martin Luther)

Keiner muss mit der Last nach Hause gehen, mit der er gekommen ist! Die Bibel sagt: „Wenn wir aber unsere Sünden bereuen und sie bekennen, dann dürfen wir darauf vertrauen, dass Gott seine Zusage treu und gerecht erfüllt: Er wird unsere Sünden vergeben und uns von allem Bösen reinigen" (1. Johannes 1,9).

Der Mensch ist nie so schön, als wenn er um Verzeihung bittet oder selbst verzeiht. (Jean Paul)

INTERAKTIV

Aktion: Was willst du heute an sein Kreuz schlagen?

Lade die Teilnehmer ein:
Schreib auf, was dich von Gott trennt, und schlage es an das Kreuz!

Tipp: Die Teilnehmer bekommen die Möglichkeit, über ihre persönliche Situation nachzudenken. Die Arbeitsfrage lautet: „Was will ich ans Kreuz schlagen?" Du kannst die Aktion in eigenen Worten erklären und so die Chance des Kreuzesgeschehens persönlich und verständlich machen. Folgender Ablauf wäre denkbar:

1. Einführung: Was will ich ans Kreuz schlagen? Material: Stifte, Papier, ein selbstgebasteltes Holzkreuz (zwei dicke Holzbalken), Nägel, mehrere Hämmer oder die Kopiervorlage von Seite 45.

Wenn wir aber unsere Sünden bereuen
und sie bekennen, dann dürfen wir darauf vertrauen,
dass Gott seine Zusage treu und gerecht erfüllt:
Er wird unsere Sünden vergeben
und uns von allem Bösen reinigen.
1. Johannes 1,9

Kopiervorlage

2. Die Jugendlichen können ihre „Sünden" an das Kreuz nageln.

3. Während der Aktion können Lieder gesungen werden. Die Lieder sollten thematisch passen und die Kursteilnehmer auf die Aktion einstellen.

4. Zuspruch: Mögliche Formulierung: „Gott kennt dich! Er weiß, was dich bedrückt und belastet.
Er weiß um alle Dinge, die du gerade an das Kreuz seines Sohnes geschlagen hast. Die Bibel sagt: ‚Denn Gott hat die Menschen so sehr geliebt, dass er seinen einzigen Sohn für sie hergab. Jeder, der an ihn glaubt, wird nicht verloren gehen, sondern das ewige Leben haben' (Johannes 3,16).
Dieses Liebesangebot Gottes hast du heute ganz praktisch in Anspruch genommen. Du hast im Glauben Gott deine Sünden bekannt und ihn um Vergebung gebeten. Jesus sagt über sich: ‚Wen der Sohn frei macht, den macht er wirklich frei!' Im Namen Gottes darf ich dir zusprechen, dass dir deine Sünden vergeben sind. Du bist ein freies, geliebtes Kind Gottes!"

Gemeinsames Lied

Zum Weiterdenken

Diese Überlegung kannst du den Teilnehmern mit auf den Weg geben:

Wenn Gott dir vergibt ... Was für Auswirkungen hat das auf deinen Umgang mit Menschen, die dich verletzt haben?

Gedicht

Dem Revolutionär Jesus zum Geburtstag

Zweitausend Jahre sind es fast,
seit du die Welt verlassen hast,
du Opferlamm des Lebens!
Du gabst den Armen ihren Gott.
Du littest durch der Reichen Spott.
Du tatest es vergebens!
Du sahst Gewalt und Polizei.
Du wolltest alle Menschen frei
und Frieden auf der Erde.
Du wusstest, wie das Elend tut,
und wolltest alle Menschen gut,
damit es schöner werde!
Du warst ein Revolutionär
und machtest dir das Leben schwer
mit Schiebern und Gelehrten.
Du hast die Freiheit stets beschützt
und doch den Menschen nichts genützt.
Du kamst an die Verkehrten!
Du kämpftest tapfer gegen sie
und gegen Staat und Industrie
und die gesamte Meute.
Bis man an dir, weil nichts verfing,
Justizmord, kurzerhand, beging.
Es war genau wie heute.
Die Menschen werden nicht gescheit.
Am wenigsten die Christenheit,
trotz allem Händefalten.
Du hattest sie vergeblich lieb.
Du starbst umsonst.
Und alles blieb beim Alten.

Erich Kästner

Das gilt dir!

Denn Gott hat

____

(Hier kannst du deinen Namen hinschreiben!)

so sehr geliebt, dass er seinen einzigen Sohn für

____

(Hier kannst du deinen Namen hinschreiben!)

hergab. Jeder, der an ihn glaubt, wird nicht verloren gehen, sondern das ewige Leben haben.

Johannes 3,16

Das gilt dir!

Denn Gott hat

____

(Hier kannst du deinen Namen hinschreiben!)

so sehr geliebt, dass er seinen einzigen Sohn für

____

(Hier kannst du deinen Namen hinschreiben!)

hergab. Jeder, der an ihn glaubt, wird nicht verloren gehen, sondern das ewige Leben haben.

Johannes 3,16

Das gilt dir!

Denn Gott hat

____

(Hier kannst du deinen Namen hinschreiben!)

so sehr geliebt, dass er seinen einzigen Sohn für

____

(Hier kannst du deinen Namen hinschreiben!)

hergab. Jeder, der an ihn glaubt, wird nicht verloren gehen, sondern das ewige Leben haben.

Johannes 3,16

Das gilt dir!

Denn Gott hat

____

(Hier kannst du deinen Namen hinschreiben!)

so sehr geliebt, dass er seinen einzigen Sohn für

____

(Hier kannst du deinen Namen hinschreiben!)

hergab. Jeder, der an ihn glaubt, wird nicht verloren gehen, sondern das ewige Leben haben.

Johannes 3,16

SAVE

Tipp:
Die Fragen von Seite 49 können zuerst von dir als Leiter selbst durchdacht und beantwortet werden. Dann ist ein gemeinsamer Austausch im Plenum (oder je nach Größe an den Tischen) sinnvoll.

Wichtig:
Lass die Teilnehmer reden! Besonders bei der 3. Frage werden sicherlich Antworten kommen, mit denen sich die Teilnehmer herausreden wollen: Entschuldigungen. Aber genau hier ist die Spitze der seelsorgerlichen Diskussion, was für dich heißt: „herausfordernd begleiten". Die Mitarbeiter sollten bereit sein, sich mit den Teilnehmern gemeinsam auf den Weg zu machen und von eigenen Zweifeln, Ängsten und Fragen berichten. Nutz die Chance, um gerade an diesem sensiblen Punkt menschliche Nähe zu zeigen!

HAPPY END

Um den Inhalt der Einheit noch einmal für die Teilnehmer zu bündeln, bekommen sie nach dieser Einheit ein Stacheldrahtkreuz mit einem Bibelvers überreicht.

Für das Stacheldrahtkreuz benötigst du folgendes Material:
zwei Stücke Stacheldraht, ein Stück Papier mit Bibelvers Jesaja 53,4 und einen Faden.

Das Geschenk kann mit folgender Erklärung überreicht werden: „Das Kreuz ist ein Zeichen für Schmerzen, Tränen und Tod. Gerade hier kommt uns Gott durch Jesus Christus nahe. Er begegnet unseren Grenzen und macht sich für uns verwundbar" (Jesaja 53,4.5). Das Kreuz steht aber auch für die Auferstehung, für das Leben und für Vergebung. Heute haben wir gehört und wir haben das ganz praktisch erleben dürfen, dass uns Gottes Vergebungsangebot persönlich gilt.

Einheit 2: Der Sohn, der dich rettet

1. Welches menschliche Problem erkannte Petrus bei seiner Berufung? Warum ist dieses Problem so ausschlaggebend?

2. Vielleicht kennst du Menschen, die auf Gottes Angebot eingegangen sind. Was hat sich bei diesen Menschen verändert?

3. Was hindert dich daran, auf Gottes Angebot in Jesus Christus einzugehen?

Einheit 3: Der Heilige Geist, der dich inspiriert

Worum geht es in dieser Einheit?

In dieser Einheit geht es um die Kraft des Heiligen Geistes. Unter den christlichen Gemeinden gibt es recht unterschiedliche Ansichten über die Bedeutung und die Auswirkungen des Heiligen Geistes. Insbesondere die Ausprägung der „Geistesgaben" hat zu Miss- und Unverständnissen geführt. Der Heilige Geist ist die Kraft Gottes, die auf dieser Welt, in dir und durch dich wirken möchte. Er ist die Lebensader, die vom Weinstock in die Rebe führt und unser Leben als Christ mit Leidenschaft und Hingabe erfüllt. In dieser möchten wir die Teilnehmer heranführen an das Geschenk Gottes und aufzeigen, was der Heilige Geist ist und im Leben von Menschen bewirken kann.

WAKE UP

Baustein: Ghostbusters

Es ist möglich, am Anfang den Titelsong aus dem gleichnamigen Film „Ghostbusters“ zu spielen. In diesem Lied/Film wird die lustige Jagd auf alle möglichen Geister beschrieben, die durchgängig böse und Leben zerstörend sind.

Der Heilige Geist ist eine ganz andere Kraft und nicht vergleichbar mit den Filmgestalten! Was ist aber dann der Heilige Geist? Vorstellungen der Teilnehmer können erfragt werden. Es wird noch spannender: Jesus selbst sagt, dass er gehen muss, um dieser Kraft das Kommen zu ermöglichen (Johannes 14,15-31). Es lohnt sich also zu hören, wem Jesus hier Platz macht ...

Geister, die dann unerbittlich von den „Ghostbusters“ gejagt werden, gehören ja eigentlich eher in irgendwelche Spukschlösser. Der Heilige Geist ist etwas völlig anderes!

Baustein Videoclip

Der Heilige Geist verändert Menschen und Situationen. Wo hast du das selbst schon erlebt? Wie kannst du es den Teilnehmern erklären?

Infopoint

Der kleine Kathechismus
(Dr. Martin Luther)
Das zweite Hauptstück:
Der Glaube

DER DRITTE ARTIKEL.
VON DER HEILIGUNG

Ich glaube an den Heiligen Geist, die heilige christliche Kirche, Gemeinschaft der Heiligen, Vergebung der Sünden, Auferstehung der Toten und das ewige Leben. Amen.

Was ist das?
Ich glaube, dass ich nicht aus eigener Vernunft noch Kraft an Jesus Christus, meinen Herrn, glauben oder zu ihm kommen kann; sondern der Heilige Geist hat mich durch das Evangelium berufen,
mit seinen Gaben erleuchtet, im rechten Glauben geheiligt und erhalten;
gleichwie er die ganze Christenheit auf Erden beruft, sammelt, erleuchtet, heiligt und bei Jesus Christus erhält im rechten, einigen Glauben;
in welcher Christenheit er mir und allen Gläubigen täglich alle Sünden reichlich vergibt und am Jüngsten Tage mich und alle Toten auferwecken wird und mir samt allen Gläubigen in Christus ein ewiges Leben geben wird.

Das ist gewisslich wahr.

Wie stellst du dir den Heiligen Geist vor?

Der Heilige Geist ist kein Phantom und kein Gespenst, das sich in Nebelschwaden durch den Alltag zieht. Der Heilige Geist ist der dritte, unverzichtbare Part Gottes. Darum sprechen Christen von der „Dreieinigkeit Gottes“ aus Gott, Jesus und Heiligem Geist. Jesus sagte einmal: „Es ist gut, dass ich zurück zum Vater im Himmel gehe, denn sonst käme der Heilige Geist nicht zu euch.“ Der Heilige Geist ist also der Teil von Gott, der heute bei uns ist. Jesus ist zurückgegangen in die himmlische Welt. Aber Gott hat uns nicht allein auf der Welt gelassen. Er ist uns ganz nahe gekommen.

Der Heilige Geist ist niemand sonst als Gott selbst in seiner Kraft. Er kommt und wohnt in unseren Herzen. Ein Licht kann nicht scheinen, selbst wenn es an die Kraftquelle angeschlossen ist, wenn das Kabel defekt ist und kein Strom von der Quelle zum Licht fließen kann oder zu viele Widerstände verhindern, dass auch nur ein Milliampere an der Lampe ankommt. Wir sind vielleicht an Gott, der Quelle des Lebens angeschlossen, aber die Lebensader, der Heilige Geist, kann nicht in uns zum Wirken kommen. Aber erst dann, wenn der Heilige Geist in uns wirkt, wird auch unser Glaube lebendig und leuchtend. Schon am Anfang der Weltgeschichte hören wir von dem Geist Gottes (1. Mose 1,2), der mit seiner ordnenden und gewaltigen Schöpferkraft Neues schafft und gestaltet. Immer wieder hören wir im Alten Testament von Menschen, die in der Kraft des Heiligen Geistes herausragende Dinge tun durften. In Apostelgeschichte 2 lesen wir von dem besonderen Pfingstfest, an dem der Heilige Geist die Jünger Jesu so erfüllte, dass sie mutig und vollmächtig vor Tausenden von Zuhörern predigen konnten und das auch noch in allen Sprachen. Allein an jenem Tag, dem Geburtstag der Kirche, kamen dreitausend Menschen zum Glauben, weil sie erkannten, wie lebenswichtig eine Beziehung zu Jesus ist. Diese Power Gottes wollen wir dir heute vorstellen, denn sie hat bis heute diese Macht, auch dein Leben völlig zu verändern.

WALK

Apostelgeschichte 2,1-12

Zum Beginn des jüdischen Pfingstfestes waren alle Jünger wieder beieinander. Plötzlich kam vom Himmel her ein Brausen wie von einem gewaltigen Sturm und erfüllte das ganze Haus, in dem sie sich versammelt hatten. Zugleich sahen sie etwas wie züngelndes Feuer, das sich auf jedem Einzelnen von ihnen niederließ. So wurden sie alle mit dem Heiligen Geist erfüllt, und sie redeten in fremden Sprachen; denn der Geist hatte ihnen diese Fähigkeit gegeben. Zum Fest waren viele gottesfürchtige Menschen, Juden aus aller Welt nach Jerusalem gekommen. Sie liefen von allen Seiten herbei, als das geschah. Fassungslos hörte jeder die Apostel in seiner eigenen Sprache reden. „Wie ist das möglich?", riefen sie außer sich. „Alle diese Leute sind doch aus Galiläa, und dennoch reden sie in unserer Muttersprache, ganz gleich, ob wir Parther, Meder oder Elamiter sind. Andere von uns kommen aus Mesopotamien, Judäa, Kappadozien, Pontus und der Provinz Asien,

Pamphylien und aus Ägypten, aus der Gegend von Kyrene in Libyen und selbst aus Rom. Wir sind Juden oder Anhänger des jüdischen Glaubens, Kreter und Araber. Doch jeder von uns hört diese Männer in seiner eigenen Sprache von Gottes großen Taten reden!" Bestürzt und ratlos fragte einer den anderen: „Was soll das bedeuten?" Einige aber spotteten: „Die haben doch nur zuviel getrunken!"

Pfingsten ist der Geburtstag der Kirche, weil Menschen durch das Wirken des Heiligen Geistes „neugeboren" werden. Arbeite im nächsten Schritt heraus, was der Heilige Geist aus den mutlosen einfachen Menschen macht und wie Gott sie gebraucht!
Du kannst ein Gefäß zur Hand nehmen, das unten ein paar Löcher hat. Gieße Wasser hinein, so dass das Wasser „durchrauscht" und abfließt! So stopfen Menschen ihr Leben voll oder füllen es ab. Wenn wir aber unsere Knackpunkte Jesus geben und uns vergeben und heilen lassen, dann kann uns der Heilige Geist erfüllen und sogar „überfließen" lassen.
Lade die Jugendlichen ein – wenn noch nicht geschehen –, Jesus all das zu geben, was die Lebensader verstopft und verengt. Die Gaben sind ein Geschenk Gottes. Vergleiche es mit einem PC. Man kennt sich vielleicht einigermaßen mit der Soft- und Hardware aus, aber wenn sich ein richtiger Profi dransetzt, dann entdeckt man Seiten, die man nicht für möglich hielt. Auch wir kennen uns mit „unserer" Soft- und Hardware ganz gut aus. Es reicht für den Hausgebrauch. Aber wenn sich ein Profi an uns heransetzt, dann entdecken wir plötzlich Möglichkeiten in und an uns, die wir nicht für möglich hielten. Der Geist Gottes ist dieser Profi und wir entdecken mit ihm den Reichtum unserer Möglichkeiten.

1. Nicht abgefüllt, sondern erfüllt!

Jesus hatte seinen Jüngern versprochen, sie nie allein zu lassen und ihnen eine Kraft vom Himmel zu senden, die ihr Leben ganz neu erfüllen und verändern wird. Einen Tröster, der sie an all die guten Worte Gottes erinnert und ermutigt, der sie begabt und erfüllt, so dass sie mutig und fröhlich den Herausforderungen begegnen konnten. So werden die Jünger, die sich aus Angst vor Verfolgung durch Juden und Römer versteckten, plötzlich von diesem „Rückenwind" Gottes erfasst und begabt. Sie verlassen ihr Versteck, treten ans Licht und verkündigen in allen Sprachen die versöhnende Einladung Gottes. Sie sind nicht abgefüllt vom Wein, wie manche lästernd meinen, im Gegenteil: Das Leben „rauscht" nicht mehr durch sie hindurch, sondern erfüllt sie und macht sie reich!

„Wer Jesus von ganzem Herzen annimmt und ihm sein Leben gibt, der wird erfüllt vom Heiligen Geist. Er wird zur treibenden Kraft in deinem Leben als Kind Gottes in dieser Welt" (Römer 8,9.14).

Wie kann das geschehen?

1. Wir dürfen Gott um seinen Heiligen Geist bitten (Epheser 5,18).

2. Wir dürfen Gott um Vergebung für alle bewusste Sünde in unserem Leben bitten – weil Sünde das Wirken des Heiligen Geistes behindert. In Johannes 15,1-8 malt Jesus das Bild vom Weinstock. Jesus ist der Weinstock und wir sind die Reben. Die Weintrauben aber, die Früchte des Weinstocks, sind das, was Jesus durch uns hindurch wirken will, z. B. Liebe, Hoffnung, Geduld, Freude (Galater 5,22). Wichtig ist aber, dass die Verbindung zwischen Weinstock und Rebe offen ist und nicht verstopft mit Schuld oder anderen Dingen, damit die Lebensader unseres christlichen Lebens, der Heilige Geist, in unser Leben ungehindert fließen kann, uns erfüllt und durch uns hindurch diese genialen Früchte hervorbringt. Darum dürfen wir Gott bitten, dass er uns hilft, alles auszuräumen, was diese Lebensader und damit das Wirken des Heiligen Geistes behindert!

3. Danke Gott für den Heiligen Geist, der dich neu erfüllen wird.

4. Vertraue darauf, dass sich Gottes Wort erfüllt hat, und warte nicht unbedingt erst auf irgendein „Gefühl"! Gott hört dein Gebet und er sehnt sich danach, dich mit seiner Kraft zu erfüllen.

Persönlich
Die Teilnehmer können nun für sich überlegen:
Was verstopft meine Lebensader, meinen Kontakt zu Jesus? Bitte Gott, es auszuräumen!

Übrigens: Immer wieder lagern sich Dinge ab, die sich in die Verbindung zu Jesus legen und dich nach und nach von Jesus abnabeln. Wenn ich manchmal längere Zeit meine Beine übereinander geschlagen habe, dann kommt es vor, dass ein Bein einschläft, weil es nicht mehr richtig durchblutet wird. Und wenn ich dann aufstehen möchte, falle ich fast hin, weil ich keinen rechten Halt mehr finde. Wenn deine Lebensader zu Jesus abgedrückt wird, schläft dein ganzer Glaube ein und wenn er dann gefordert wird und du aufstehen möchtest für Jesus, dann gelingt das nicht. Darum bitte Gott täglich, dass er alles ausräumt, was die Lebensader einengt und nicht frei in dein Leben fließen lässt! Psalm 51,12-14 kann unser tägliches Gebet sein.

2. Begabt vom Heiligen Geist

Wenn Gottes Geist in ein Leben kommt, dann kommt er nicht mit leeren Händen. Die Bibel sagt, dass Gott uns durch den Heiligen Geist mit Gaben beschenkt. Unsere natürlichen Begabungen, die Fähigkeiten, die wir mitbringen, sind von Gott gegeben. Aber Gott will uns auch mit besonderen Gaben beschenken, die ihren Ursprung im Wirken des Heiligen Geistes haben. Es sind Gaben, die uns helfen und unterstützen im Leben als Christen.

Lest gemeinsam Römer 12,3-8 und 1. Korinther 12,1-11!

Sprecht darüber, von welchen Begabungen hier die Rede ist! Womit begabt der Heilige Geist die Jünger zum Pfingstfest (Apostelgeschichte 2,1-13)?

Es gibt Gaben, die uns helfen, Gott und seinen Willen besser zu verstehen. Andere Gaben helfen uns, Gottes Wort weiterzugeben oder andere zu trösten. Wieder andere Gaben sind ganz praktisch ausgelegt und beschenken uns damit, anderen dienen zu können oder barmherzig zu sein.

Sprich einmal in der Gruppe darüber, welche Gaben ihr bei dem anderen entdecken könnt, oder frage Menschen, die dich gut einschätzen können, nach deinen Gaben! Diese Gaben sind auch Auf-Gaben, die Gott dir in dieser Welt anvertrauen möchte. In dem Team „Gemeinde" kommen die Gaben zur Entfaltung und ihr könnt gemeinsam als Team für Gott unterwegs sein.

3. Verändert durch den Heiligen Geist

Mit dem Heiligen Geist verändert sich dein Leben, deine Perspektive, denn Gott selbst wohnt in dir. Jesus hat damit den Plan Gottes umgesetzt, wie er ihn in Johannes 14,15-26 vorgezeichnet hat. Jesus lässt uns nicht als Waisen zurück, sondern macht uns durch den Heiligen Geist zu Kindern Gottes. Wo der Heilige Geist wirken kann, wo uns die Lebensader Gottes durchströmt, da werden wir verändert und bringen Früchte hervor, die „in der Sonne Gottes schmackhaft glänzen“ und andere neugierig machen, diese Kraft, diesen Gott, der uns so verändert und erfüllt, auch kennen zu lernen. So wie ein Handschuh für sich tot ist für unser Reden – wir können schlecht sagen: „Hey, Handschuh, hol mir mal ein Glas Wasser!“ –, so ist auch der Mensch ohne Heiligen Geist nicht ansprechbar für das, was Gott mit ihm vorhat. Ihm fehlt der Blick für die Wirklichkeit Gottes.

Dort aber, wo der Heilige Geist uns erfüllt, dort, wo die Hand den Handschuh erfüllt, dort entsteht Leben und eine Kraft, die bereit ist anzupacken (2. Korinther 5,17-20).

Wir werden neugeboren, als Kind Gottes wiedergeboren und dürfen befreit von alter Schuld in ein neues Leben, in das Abenteuerland Gottes starten, das alles andere als langweilig ist.

Die Bibel und die Weltgeschichte ist voll von Menschen, die – erfüllt vom Heiligen Geist – zu „Historymakern“ wurden und in besonderer Weise Gottes Liebe und Wahrheit in diese Welt getragen haben. Gott möchte mit dir unterwegs sein und durch dich hindurch diese Welt verändern, damit das Licht und nicht die Finsternis, damit die Liebe und nicht der Hass, damit die Wahrheit und nicht die Lüge regiert. Bist du bereit? Dann bitte Gott jetzt darum, dein Leben durch das Wirken des Heiligen Geistes zu verändern!

INTERAKTIV

Die große Pipeline
Versucht mit Wasserrohren eine möglichst lange Pipeline zu bauen! Am Ende müssen zehn Liter Wasser durch die Pipeline fließen und nach Möglichkeit auch hinten wieder herauskommen.
Unterbrechungen oder Verstopfungen oder Ähnliches können verhindern, dass das Wasser wirklich sein Ziel erreicht. Die Aktion kann man natürlich auch in klein mit Strohhalmen durchführen. Die Pipeline symbolisiert die Lebensader, den Heiligen Geist.

Andere mögliche Aktionen

Domino-Day:
Die Dominosteine müssen so gestellt werden, dass sie wirklich in Reihe und ohne Unterbrechung umfallen.

Windenergie:
(nach Römer 8,14) Tischtennisbälle müssen per Fön zu „guten" Zielen geführt werden.

Für die Physiker unter uns:
Mit verschiedenen Bauteilen muss eine Schaltung gebaut werden, bei der am Ende der Leitung schließlich ein Licht aufleuchten muss.

SAVE

Der Heilige Geist ist die schöpferische Kraft Gottes. In vielen Kreisen existiert eine gewisse Angst davor, sich dem Wirken des Geistes zu öffnen. Es schwingt wohl die Angst darin mit, sich dabei nicht nur dem Heiligen Geist zu öffnen, sondern auch anderen Einflüssen, die nicht mehr kontrollierbar sind. Versuche deinen Teilnehmern diese Angst zu nehmen! Sicher ist, dass der Heilige Geist Leben und Veränderung in unser Christsein bringt. Keine Unordnung, aber eine Neuordnung – keine Zerstörung, aber eine neue Schöpfung. Versuche den Teilnehmern die Angst zu nehmen und mache ihnen Mut, sich auf der Basis des biblischen Zeugnisses dem Wirken des Geistes Gottes zu öffnen und die eigenen Gaben zur Ehre Gottes und zum Aufbau der Gemeinde einzusetzen! Also, wie war das noch mal?
(Kopiervorlage auf Seite 58)

Wir dürfen Gott um seinen Heiligen Geist bitten.
Folgendes Gebet könnte eine Anregung dafür sein:
„Gott Vater, ich bitte dich, mich mit dem Heiligen Geist zu erfüllen, dass er aus meinem Herzen und Leben auskehrt, was mich von dir trennen will und dir nicht die Ehre gibt, und dass er einkehrt, um mich zu erfüllen, damit ich den Reichtum deiner Gaben erkennen und einsetzen darf zu deiner Ehre. Das bitte ich im Namen Jesu Christi, deines Sohnes. Amen."

Einheit 3: Der Heilige Geist, der dich inspiriert

1. Der Geist Gottes war von Anbeginn der Welt mit von der Partie (1. Mose 1,2; 1. Mose 2,7). Er ist die ordnende und schöpferische Kraft Gottes, die neues Leben schafft. Wo ein Mensch vom Heiligen Geist erfüllt wird, da wird er eine neue Kreatur (2. Korinther 5,17), ein Kind Gottes (Römer 8,14).

Wie versucht Jesus dieses Ereignis Nikodemus in Johannes 3,1-16 zu erklären?

2. Der Heilige Geist bringt die Begabung des Menschen ans Licht und entfaltet sie. Lies Matthäus 25,14-30! Gott vertraut uns Gaben an, die wir in diese Welt investieren sollen.

Was unterscheidet die Leute in ihrem Umgang mit den Gaben und was bedeutet das für den Einsatz unserer Gaben?

3. Keine Angst vor dem Heiligen Geist! Manchmal gibt es so eine komische Angst vor dem Heiligen Geist, als er wäre er wirklich ein Gespenst, vor dem man sich hüten sollte. Tatsächlich ist der Heilige Geist die Kraft Gottes höchstpersönlich, die wichtigste Hauptschlagader deines Lebens, der Treibstoff, der dein Leben in Bewegung bringt.
Lies noch einmal Johannes 14,15-26!

Was sagt Jesus hier über den Heiligen Geist?

4. Der Heilige Geist ist ein Geschenk Gottes an uns (Lukas 11,9-13), wenn wir ihn ernsthaft darum bitten und dafür bereit sind.

Was hindert dich daran, Gott noch heute darum zu bitten?

HAPPY END

Jeder Teilnehmer erhält eine Blume zum Abschied, allerdings eine Schnittblume oder eine künstliche Blume. Die Schnittblume verdeutlicht, dass die Blume zwar noch gut aussieht, aber dem „Tod“ nahe ist, weil sie nicht mehr mit der Lebensader verbunden ist. Die künstliche Blume verdeutlicht, dass manches zwar vielleicht echt aussieht, aber es lange nicht sein muss. Man kann auch wie ein „Christ“ aussehen, aber ohne wirkliches Leben durch den Heiligen Geist sein. Beide Blumen können mit einem Bibelvers versehen sein, z.B. Römer 8,14 oder Johannes 15,5.

Einheit 4:
Das Wort, das dich trägt

Worum geht es in dieser Einheit?

In dieser Einheit geht es um das lebendige Wort Gottes, gesprochen in das Leben von Menschen, aufgezeichnet in Schriften und uns bis heute überliefert: das Wort, das nicht in alten Buchdeckeln gefangen bleiben will, sondern im Heute Menschen erreicht, verändert und ermutigt. Die Teilnehmer sollen erfahren, wie das Wort Gottes ihr Leben verändern kann und will und welches geniale Vorrecht es ist, auf Gott hören zu dürfen. Sie sollen hörbereit werden, Gottes Reden auch in ihrem Alltag zu entdecken, und ins Gespräch mit diesem Gott kommen.

WAKE UP

Baustein: Videoclip

Manche Dinge machen einfach keinen Sinn, wenn das Entscheidende fehlt. Ähnlich ist es mit der Bibel: Es macht einfach keinen Sinn, sie ungelesen im Schrank zu parken. Dann wird sie zu einem unbedeutenden Museumsstück. Das Entscheidende ist, dass man die Bibel nicht nur besitzt, sondern sie auch liest und studiert. Nur dann macht sie Sinn.

Du kannst ohne Vorbemerkungen mit dem Clip beginnen. Ziel ist es, die Vorerfahrungen der Teilnehmer zu klären. Es kann helfen, wenn du selbst von einer Erfahrung berichtest, wo du Probleme mit der Bibel hattest. Wie erging es dir, als du zum ersten Mal bewusst damit konfrontiert wurdest? Versuche, dich in die Situation der Leute hineinzuversetzen, um sie nicht zu überfordern oder zu frommen Antworten zu „zwingen“.

Baustein: Geschichte

Ein Mann besucht im Rahmen eines Besuchsdienstes der Gemeinde eine junge Frau. Nach einem längeren Gespräch fragt der Besucher, ob sie denn auch eine Bibel habe. Die Frau antwortet verlegen: „Ich habe eine Bibel, aber die ist uralt. Ich weiß nicht, ob die heute noch gilt.“

Wir leben in einer schnelllebigen Zeit. Was heute brandneu und modern ist, ist morgen schon wieder Schnee von gestern. Zu keiner Zeit war der Fortschritt so rasant wie in den letzten Jahrzehnten: Auto, Fernsehen, Satelliten, Computer, Raumfahrt, ... die Neuerungen überschlagen sich. Da ist es kein Wunder, dass Menschen Probleme haben sich vorzustellen, dass es etwas gibt, das alle diese Entwicklungen übersteht und überdauert. Die Frage der jungen Frau ist allzu verständlich. Etwas, das schon ein paar Jahre in meinem Schrank steht, muss längst überholt sein. Und wenn diese Frau dann noch erfährt, dass das Original bereits einige Tausend Jahre auf dem Buckel hat, dann ist für diese Frau klar: Die Bibel ist ein Relikt der Vergangenheit. Sie ist allenfalls ein historischer Gegenstand wie z. B. ein Gemälde von Rembrandt.
In dieser Einheit beschäftigen wir uns mit dem Thema „Bibel“. Welche Rolle spielt die Bibel für uns? Welche Bedeutung hat sie für unser Leben als Christ?

Zum Nachdenken

In welchem Zusammenhang ist dir die Bibel bisher begegnet?

Was bedeutet dir die Bibel persönlich?

Was schätzt du an der Bibel? Was stößt dich ab?

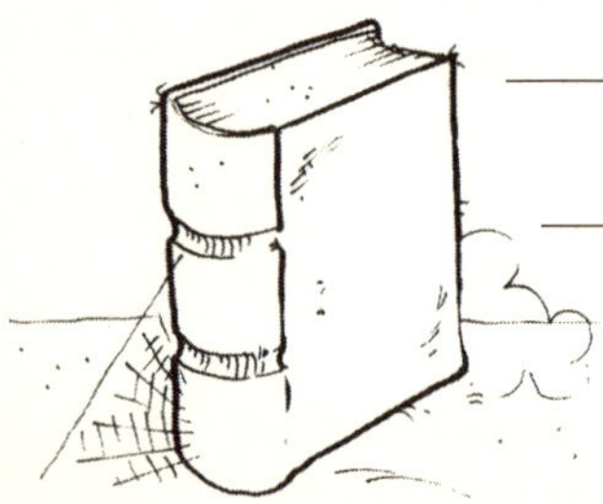

Tipp:
Vermutlich verbinden die Teilnehmer ganz unterschiedliche Erfahrungen oder Gefühle mit der Bibel. Diese Erfahrungen sollen offen benannt werden. Nur so kann man darauf eingehen und verdeutlichen, warum die Bibel für uns Christen so wichtig und kostbar ist.

Der folgende Bibeltext zielt nicht auf die Frage des Schriftverständnisses, sondern auf die Bedeutung der Worte Jesu für unser Handeln. Die Geschichte soll ermutigen, die Worte der Bibel konkret in die Tat umzusetzen.

Schritte durch den Text:
Die Fragen zu diesen vier Schritten können entweder gemeinsam oder auch in der Stille bedacht werden.

WALK

Matthäus 7,24-27
Jesus sagt: „Wer meine Worte hört und danach handelt, der ist klug. Man kann ihn mit einem Mann vergleichen, der sein Haus auf felsigen Grund baut. Wenn ein Wolkenbruch niedergeht, das Hochwasser steigt und der Sturm am Haus rüttelt, wird es trotzdem nicht einstürzen, weil es auf Felsengrund gebaut ist. Wer sich meine Worte nur anhört, aber nicht danach lebt, der ist so unvernünftig wie einer, der sein Haus auf Sand baut. Denn wenn ein Wolkenbruch kommt, die Flut das Land überschwemmt und der Sturm um das Haus tobt, wird es mit großem Krachen einstürzen."

Infopoint

Als Bibel (auch Buch der Bücher) bezeichnen das Judentum und das Christentum jeweils eine eigene Sammlung von Schriften, die für sie das Wort Gottes enthalten und als Heilige Schrift Urkunden ihres Glaubens sind.

Es handelt sich um verschiedene redaktionelle Zusammenstellungen von „Büchern" (griechisch: biblia) aus dem Kulturraum der Levante und dem Vorderen Orient, die im Verlauf von etwa 1.200 Jahren entstanden sind und bis zum 2. Jahrhundert zuerst von Juden, dann auch von Christen kanonisiert wurden.

Die hebräische Bibel, der Tanach, besteht aus den drei Hauptteilen Tora (Weisung), Neyiïm (Propheten) und Ketuyim (Schriften). Diese Bücher bilden in anderer Anordnung und geringfügig anderem Umfang als Altes Testament auch den ersten Hauptteil der christlichen Bibel, ergänzt durch das Neue Testament. In dieser Form ist die Bibel das am weitesten verbreitete und häufigsten publizierte schriftliche Werk der Welt.

(Quelle: www.wikipedia.de)

Begriffserklärung
Wort: Der griechische Begriff „logos" wird in der Bibel sehr inhaltsreich gefüllt. Jesus selbst wird als „Wort Gottes" bezeichnet (Johannes 1). Deshalb stehen hinter diesem Begriff nicht nur Vokabeln, sondern der Inhalt ist untrennbar damit verbunden.

1. Einfach logo

Man ist kein Christ allein dadurch, dass man sich in einer Kirche aufhält und sich mit anderen Christen trifft. Eine Meinung über den christlichen Glauben ist noch kein Glaube. Christ zu sein heißt: Ich vertraue Jesus und richte mein Leben nach ihm aus. Deshalb sagt Jesus hier: „... wer meine Worte hört und danach handelt ..." (V. 24). Die Worte Jesu können nicht theoretisch bedacht werden. Es wäre unlogisch, wenn wir Jesus als Herrn der Welt anerkennen würden, in der Praxis aber ohne ihn handeln. Die logische Konsequenz aus der Begegnung mit Jesus ist, dass ich auf das höre, was er sagt, und es umsetze. Die Geschichte in Matthäus 7 ist sehr logisch.
Klar, dass es riskant ist, sein Haus auf einen instabilen Grund zu setzen. Da ist die Katastrophe vorprogrammiert.

DAS WORT, DAS DICH TRÄGT

Was passiert, wenn sich unser Reden und unser Handeln nicht decken? Welche Erfahrungen hast du damit gemacht? Wo musst du noch besonders lernen, nach Jesu Worten zu leben?

Tipp: Es gibt viele Erfahrungen mit Menschen, die sich Christen nennen und mit ihrem Handeln ihre Worte durchstreichen. Vermutlich hat jeder Teilnehmer irgendwo schon einmal schlechte Erfahrungen gemacht. Achte bitte darauf, dass nicht über irgendwelche Leute hergezogen wird! Die Teilnehmer sollen ermutigt werden, es anders zu praktizieren.

Welche Christen kennen wir, die für uns Vorbild sind?
Denkt darüber nach, wie Jesus selbst seine Worte in die Tat umgesetzt hat!

2. Einfach echt

Wir haben unsere Geschichte mit Worten: leere Worte, verletzende Worte, lieblose Worte. Deshalb sind wir empfindlich gegenüber bloßen Worten. Wenn Jesus redet, dann sind das keine leeren Worte. Gott hat durch sein Wort die Welt geschaffen (1. Mose 1). Seine Worte sind immer mit Taten verbunden. Seine Worte sind echt. Deshalb sind sie manchmal recht unbequem, denn sie provozieren uns immer dazu, unser Leben zu überdenken und das zu prüfen, was wir tagtäglich tun.

Lest gemeinsam Johannes 7,17!
Jesus fordert uns heraus, seine Worte zu überprüfen. Jesus lädt uns ein, zu prüfen und zu entdecken, dass seine Worte tragfähig, echt und wegweisend sind.

Sprecht gemeinsam oder in kleinen Gruppen über die folgenden Fragen: Wo haben wir Probleme, den Worten Jesu Glauben zu schenken? Wo hast du es schon erlebt, dass Gottes Wort tragfähig ist?

Tipp: Wir leben in einer Zeit, in der es eine Inflation der Worte gibt. Wenn ein Mensch etwas sagt, hat das noch lange keine Bedeutung. Es gibt viele leere Versprechungen und falsche Worte. Diese Erfahrungen machen auch vor den Worten Jesu nicht halt. Verspricht Jesus auch Dinge, die er nicht halten kann?

Versuche deutlich zu machen, dass die Worte Gottes Worte sind, die wirken! Es sind keine leeren Versprechungen. Gott hält sich an sein Wort, auch wenn die Erfüllungen nicht sofort eintreten. Verfolgt die Spuren in eurem Leben, wo Gottes Wort gewirkt hat! Nimm einen Geldschein und frage: Was ist dieser Geldschein wert? An sich ist der Schein nichts wert. Er wird dadurch wertvoll, dass sich jemand für den Wert verbürgt, in diesem Fall die Bundesbank. Auch die Bibel besteht nur aus Papier und Druckerschwärze. Auch hier ist entscheidend, dass jemand für den Inhalt bürgt, nämlich Gott höchst persönlich. Das macht die Bibel zu einem kostbaren Schatz.

3. Einfach lebenswichtig
Wir haben die Bilder von Überschwemmungen, Unwetterkatastrophen und zerstörten Häusern vor Augen. Jesus gebraucht dieses Bild, um klarzustellen: Es geht hier nicht um eine Luxusfrage. Wenn ich Gottes Worte ignoriere oder nur theoretisch akzeptiere, dann erleidet mein Glaube Schiffbruch. Selbst wenn ich nichts Nachteiliges empfinde, ist es nur eine Frage der Zeit, bis mein Glaube unsicher wird und abstirbt. Deshalb ist es so wichtig, regelmäßig die Bibel zu lesen und das, was dort geschrieben steht, zu leben.

Tauscht euch untereinander aus: Was hilft, die Bibel regelmäßig zu lesen? Was hindert einen daran?

Tipp: In diesem Teil geht es konkret um die Frage, wie das Bibellesen ein fester Bestandteil unseres Lebens werden kann. Berichtet von eurer eigenen Erfahrung! Berichtet auch von den Niederlagen, die ihr erlebt habt, und macht den Teilnehmern Mut, regelmäßige Formen für ihr Bibellesen zu finden.

4. Einfach stabil

In unserer Geschichte bauen zwei Männer ein Haus. Beide Häuser sind vermutlich ähnlich schön. Vielleicht ist die Strandlage sogar etwas reizvoller. Erst der Ernstfall bringt dramatisch zum Vorschein, was wirklich trägt. Manchmal denken wir, Menschen, die ohne Jesus leben, haben es besser. Sie dürfen alles. Sie können das Leben in vollen Zügen genießen. Unsere Geschichte will uns nicht den Spaß am Leben verderben. Sie fordert uns aber auf: Kümmere dich um ein stabiles Fundament in deinem Leben! Der Spaßfaktor trägt im Ernstfall nicht. Denke daran: Das Leben ist immer der Ernstfall. Wir haben unser Leben nicht auf Probe. Jede Minute, die ich lebe, ist nicht wiederholbar. Deshalb: Achte, worauf du im Leben setzt!

Fragen und Impulse für die Teilnehmer: Denke darüber nach, was deinem Leben Halt gibt! Welche Grundentscheidungen hast du für dein Leben getroffen? Welche musst du noch treffen? Wie kann dir Gottes Wort dabei helfen?

Tipp: Es gibt einige gute Zitate und Aussagen zur Bedeutung der Bibel: „Verlust der Bibel bedeutet nicht nur Bildungsverlust und Sprachverlust, sondern Lebensverlust." (Gerhard Ebeling)
„Die meisten Menschen haben Schwierigkeiten mit den Bibelstellen, die sie nicht verstehen. Ich muss zugeben, dass gerade die Bibelstellen, die ich verstehe, mich unruhig machen." (Mark Twain)

INTERAKTIV

Ob ihr einen Wettbewerb macht oder die Fragen miteinander beantwortet, müsst ihr selbst entscheiden. Nehmt auf alle Fälle den Ernst aus der Sache, damit niemand bloßgestellt wird.
(Je nach Gruppengröße könnt ihr euch in kleine Gruppen aufteilen. Jeder kann aber auch die Fragen für sich selbst durchgehen.)

Mini-Bibel-Olympiade

Was weißt du über die Bibel? Löse folgende Aufgaben!

Unsere Sprache ist von der Bibel geprägt. Martin Luther, der Übersetzer der ersten deutschen Bibelausgabe, hat mit dieser Übersetzung die deutsche Sprache maßgeblich geprägt.

1. Welche dieser Aussprüche aus unserer Alltagssprache finden wir in der Bibel? Kreuze sie an!

- ☐ „Wer anderen eine Grube gräbt, fällt selbst hinein."
- ☐ „Der Klügere gibt nach."
- ☐ „Der Prophet gilt nichts im eigenen Land."
- ☐ „Wer nicht arbeitet, soll auch nicht essen."
- ☐ „Zu allem Ja und Amen sagen."
- ☐ „Jemand vergräbt seine Pfunde."
- ☐ „Besser den Spatz in der Hand als die Taube auf dem Dach."
- ☐ „Hochmut kommt vor dem Fall."
- ☐ „Der Kelch ist an mir vorübergegangen."
- ☐ „Wo gehobelt wird, da fallen Späne."

2. Es gibt viele einzelne Bücher in der Bibel. Versuche zehn dieser Bücher aus dem Neuen Testament in die richtige Reihenfolge zu bringen (Reihenfolge nach „Hoffnung für alle"), indem du die Reihenfolge mit Zahlen (1-10) festlegst!

- ○ Lukas
- ○ Römer
- ○ Offenbarung
- ○ Jakobus
- ○ Markus
- ○ Apostelgeschichte
- ○ Judas
- ○ Hebräer
- ○ Kolosser
- ○ Titus

3. Es geht in unserer Geschichte um ein stabiles und ein instabiles Fundament. Schaffst du es, auf einem weichen Fundament (z. B. Kissen) mit „Jenga"-Steinen (oder anderen Bauklötzen) innerhalb von 3 Minuten den höchsten Turm zu bauen, ohne dass er einstürzt?

Lösungen, Auswertung und Siegerehrung „Mini-Bibel-Olympiade"

Lösungen

1. Worte aus der Bibel sind: „Wer anderen eine Grube gräbt, fällt selbst hinein" (Prediger 10,8); „Hochmut kommt vor dem Fall" (Sprüche 16,18); „Der Prophet gilt nichts im eigenen Land" (Matthäus 13,57); „Jemand vergräbt seine Pfunde." (Lukas 19,11-28); „Dieser Kelch ist an mir vorübergegangen" (Matthäus 26,39); „Wer nicht arbeitet, soll auch nicht essen" (2. Thessalonicher 3,10).

2. Reihenfolge: 1. Markus, 2. Lukas, 3. Apostelgeschichte, 4. Römer, 5. Kolosser, 6. Titus, 7. Hebräer, 8. Jakobus, 9. Judas, 10. Offenbarung

Bewertung
Aufgabe 1: ein Punkt pro richtiger Antwort
Aufgabe 2: ein Punkt pro richtiger Antwort
Aufgabe 3: ein Punkt pro 10 cm

Bei einem Wettkampf ist am Ende einer der glückliche Sieger. In der Bibel steht: „Wirklich glücklich sind die Menschen, die Gottes Wort hören und danach leben" (Lukas 11,28). Es gibt also am Ende nicht nur einen Glückspilz. Wenn wir Gottes Wort hören und danach handeln, sind wir auf der Siegerstraße.

SAVE

Denkt gemeinsam über drei Karikaturen von Waldemar Mandzel (Seite 69) nach. Anhand dieser Karikaturen sollen die Teilnehmer festhalten, was ihnen zum Thema „Bibel" wichtig geworden ist.

HAPPY END

Die Teilnehmer können am Ende einen Baustein (z. B. Lego/„Jenga") mit dem Bibeltext vom Hausbau erhalten oder vielleicht sogar einen Ziegelstein, der sie an die Geschichte erinnert.

Einheit 4: Das Wort, das dich trägt

Gott, dein Wort ist mein Rettungsanker. Du lässt mich nicht hängen. In großer Not gibst du einen sicheren Halt.

Das ist mir wichtig:

In deinem Wort will ich wohnen. Dein Wort ist Wahrheit. Es gibt mir Zuversicht, Geborgenheit und Sicherheit ein Leben lang.

Das ist mir wichtig:

Gott, in deinem Buch habe ich gelesen, dass man bloß nicht auf Sand bauen soll! So habe ich einen Untergrund gewählt, dem ich höchste Stabilität zutraue. Gibst du mir Recht?

Das ist mir wichtig:

Einheit 5: Die Gemeinde, die mit dir unterwegs ist

„Eine Gemeinschaft ist nicht eine Summe von Interessen, sondern die Summe an Hingabe." (Antoine de Saint-Exupéry)

Worum geht es in dieser Einheit?

In dieser Einheit geht es darum, das Thema „Gemeinde" tiefer zu erfassen. In der Nachfolge Jesu zu leben, heißt mit der Gemeinde Jesu Christi auf der ganzen Welt verbunden und vor Ort in eine Gemeinde eingebunden zu sein. Was es heißt, in der Lebenswelt Gemeinde aktiv zu sein, soll anhand des Bibeltextes in dieser Einheit bedacht werden. Diese Grundlagen kannst du dann auf dich und deine ganz eigene Lebens- und Gemeindesituation übertragen.

WAKE UP

Baustein: Videoclip
Die Clips zeigen allesamt die Stärken und Schwächen von Gemeinde. Hier bietet sich die Chance, die Erfahrungen der Teilnehmer aufzugreifen. Wie könnte ein „Winning Team“ aussehen?

Tipp: Versuche den Teilnehmern Mut zu machen, ihre Gemeinde zu entdecken und sich konstruktiv in den Gemeindebau einzuklinken! Es ist wichtig, dass die Mitarbeiter ihre eigenen Positionen zu dem Thema vor der Gruppenstunde bedenken.
Negative Vorbehalte und eigene Spannungen sollen wahrgenommen werden. Auch der Blickwinkel der Teilnehmer ist wichtig zu bedenken: Kommen sie von klein auf in die Gemeinde oder sind sie erst auf anderen Wegen zum Jugendkreis gekommen?

Wichtig ist es, die gesamte Gemeindesituation zu bedenken und ein Ziel festzulegen, das die Einheit bewirken soll. Soll die Jugendarbeit mehr in den Blick der Gemeinde rücken? Sollen die Jugendlichen sich mehr in die Bereiche der gesamten Gemeindearbeit integrieren?

Baustein: zum Nachdenken
Überlegt, zu welcher Gemeinde oder Kirche euer Jugendkreis gehört und was die Besonderheiten dieser Gemeinde sind. Was zeichnet sie aus? Was gefällt dir persönlich in dieser Gemeinde gut, was würdest du am liebsten ändern? Was motiviert dich, in die Gemeinde zu gehen?
(Kopiervorlage Seite 72)

Infopoint

An Pfingsten feiern Christen den Geburtstag der Kirche und den Beginn der Ausbreitung der christlichen Botschaft. Pfingsten markiert zugleich den spirituellen Ursprung des Christentums: Der Bibel zufolge empfingen die Jünger Jesu 50 Tage nach Christi Auferstehung an Ostern den Heiligen Geist. Daher wird Pfingsten auch als „Fest des Heiligen Geistes“ bezeichnet. Es ist nach Weihnachten und Ostern der dritte Höhepunkt im Kirchenjahr.

Der Heilige Geist wird auch als „Lebensatem“ der Kirche bezeichnet. Ohne ihn erstarre das Christentum, heißt es. Durch den Heiligen Geist handelt Gott Theologen zufolge in der Welt und teilt sich den Menschen mit.

„Und sie wurden alle erfüllt von dem heiligen Geist und fingen an, zu predigen in andern Sprachen“, heißt es im zweiten Kapitel der Apostelgeschichte im Neuen Testament. Weil nach der Bibel das Evangelium so in andere Sprachen übertragen wurde, spricht man vom „Pfingstwunder“. Nach Christi Auferstehung und Himmelfahrt wurde damit auch eine neue Gemeinschaft unter den Christen gestiftet.

Der Name Pfingsten geht zurück auf das griechische Wort „pentekoste“ (der fünfzigste), weil das Pfingstfest seit Ende des vierten Jahrhunderts fünfzig Tage nach Ostern gefeiert wird. Pfingsten gilt auch als Beginn der weltweiten Mission. Gleichzeitig endet am Pfingstmontag der österliche Festkreis.

(Quelle: www.ekd.de)

Gemeinde:

Was zeichnet sie aus?
Was gefällt dir persönlich in dieser Gemeinde gut, was würdest du am liebsten ändern? Was motiviert dich, in die Gemeinde zu gehen?

WALK

Lest den Bibeltext miteinander und nehmt euch Zeit, darüber zuerst allein nachzudenken! Geht dann als gesamte Gruppe oder in kleinen Teams die Fragen durch.

Achtet im Gespräch darauf, dass es nicht nur zu „richtigen Antworten" kommt! Es geht darum, die einzelnen Teilnehmer persönlich mit dem Thema „Ich und die Gemeinde" zu berühren - es geht um ihre Meinung, sie sollen motiviert werden, sich selbst einzubringen.
Lass negative Äußerungen und Eindrücke so stehen und rede nicht alles schön, was sie vielleicht an der Gemeinde kritisieren!
Gut ist es, alles vielleicht auf einem Blatt Papier so zu bündeln, so dass zum Ende des Gespräches ein konstruktives Ergebnis dasteht.

1. Korinther 12,12-27
„So wie unser Leib aus vielen Gliedern besteht und diese Glieder einen Leib bilden, so besteht auch die Gemeinde Christi aus vielen Gliedern und ist doch ein einziger Leib. Wir haben alle denselben Geist empfangen und gehören darum durch die Taufe zu dem einen Leib Christi, ganz gleich, ob wir nun Juden oder Griechen, Sklaven oder Freie sind; alle sind wir mit demselben Geist erfüllt. Nun besteht aber ein Körper aus vielen einzelnen Gliedern und Organen, nicht nur aus einem einzigen. Selbst wenn der Fuß behaupten würde: Ich gehöre nicht zum Leib, weil ich keine Hand bin!, er bliebe trotzdem ein Teil des Körpers. Und wenn das Ohr erklären würde: Ich bin kein Auge, darum gehöre ich nicht zum Leib!, es gehörte dennoch dazu. Angenommen, der ganze Körper bestünde nur aus Augen, wie könnten wir dann hören? Oder der ganze Leib bestünde nur aus Ohren; wie könnten wir dann riechen? Deshalb hat Gott jedem einzelnen Organ des Körpers seine besondere Funktion gegeben, so wie er es wollte. Was für ein sonderbarer Leib wäre das, der nur einen Körperteil hätte! Aber so ist es ja auch nicht, sondern viele einzelne Organe bilden gemeinsam den einen Leib. Darum kann das Auge nicht zur Hand sagen: Ich brauche dich nicht! Und der Kopf nicht zu den Füßen: Ihr seid überflüssig! Vielmehr sind gerade die Teile des Körpers, die schwach und unbedeutend erscheinen, besonders wichtig. Was uns an unserem Körper anstößig erscheint, das verbergen wir sorgfältig, und was uns nicht gefällt, das putzen wir besonders heraus. Denn was schön ist, wirkt ohnehin. Gott aber hat unseren Leib

so zusammengefügt, dass unwichtig erscheinende Teile in Wirklichkeit besonders wichtig sind. Unser Leib soll eine Einheit sein, in der jedes einzelne Körperteil für das andere da ist. Leidet ein Teil des Körpers, so leiden alle anderen mit, und wird ein Teil gelobt, freuen sich auch alle anderen. An diesem Beispiel wollte ich euch erklären: Ihr alle seid der eine Leib Christi, und jeder einzelne von euch gehört als ein Teil dazu."

Begriffserklärung
Gemeinde: Der Begriff ist sozusagen ein „Teekesselchen" mit zwei Bedeutungen. Er meint zunächst einmal vom politischen Sprachgebrauch herkommend die Ortsgemeinde als eine Art kleiner Regierungs- und Wohnbezirk, meist mit Bürgermeister und politischen Verwaltungsstrukturen.
Im christlichen Sprachgebrauch ist die Gemeinde der Ort, wo sich Menschen versammeln, die an Jesus Christus glauben und diesen Glauben miteinander leben wollen. Im Neuen Testament bedeutet das griechische Wort „ecclesia", das für Gemeinde steht, „die Herausgerufenen". Hier sind die Menschen gemeint, die von Jesus aus ihrem alten Leben zu einem neuen Leben herausgerufen wurden.

Das Neue Testament beschreibt verschiedene Aspekte und Aufgaben der Gemeinde in Bildern: Markus 10,29-30 (Familie), Matthäus 5,13-16 (Salz und Licht für die Welt), Apostelgeschichte 20,28 (Herde), 1. Korinther 3,9 (Ackerfeld), 1. Korinther 3,16-17 (Tempel), Epheser 2,19-21 (Hausbau), 1. Timotheus 3,15 (Haus Gottes), Offenbarung 19,7 (Braut).

Verse 12-13: Unterschiedlich und doch eine Einheit!
Die Mannschaft Gottes auf dieser Welt wird mit dem Körper eines Menschen verglichen - die unterschiedlichsten Teile übernehmen verschiedene Funktionen und Aufgaben, alle sind aber eine große Einheit, ein Organismus. Christen gehören durch das Bekenntnis zu Jesus und die Taufe zu seiner Gemeinde und bilden untereinander eine unzertrennliche Einheit - nicht weil sie sich alle so toll finden, sondern weil Jesus sie durch seinen Geist vereint. Alle sind an diesem Leib gleich wichtig, auch wenn alle unterschiedlich sind.

Frage die Teilnehmer: Was kannst du? Wie kannst du das, was du gut kannst, in der Gemeinde einbringen?

Verse 14-21: Nur keinen Neid!
Menschen vergleichen sich und ihre Fähigkeiten ständig. In unserer Welt geht es um das Besser-Sein und Besser-Werden, damit man selbst gut dasteht. In der Gemeinde sollte das nicht so sein, auch wenn es genau deswegen oft Spannungen und Missverständnisse gibt. Ziel aber ist es, sich mit seinen Gaben für Gott einzubringen und sicherlich auch das Beste zu geben. Aber ständiges Vergleichen, den anderen beneiden für das, was er kann und tut, und sich selbst klein und fehl am Platze zu fühlen, ist in der Gemeinde nicht hilfreich - es dient nicht zum Lob Gottes und macht einen selbst und andere kaputt. Wer ständig nur auf andere schielt mit seinem Tun, kann sich nicht gelassen für Gott einbringen. Es gilt, fröhlich zu sich selbst zu stehen und seinen eigenen Platz vor Gott einzunehmen. Nur so ist ein Team spielfähig.

Frage die Teilnehmer: Mal ehrlich, an welchen Punkten beneidest du andere um ihre Gaben und Fähigkeiten? Wie gehst du mit dem Neid um?

Fordere die Teilnehmer auf, kurz mit Gott in der Stille darüber zu reden!

Verse 22-24: Wer bekommt nicht gerne Applaus?
Manche Aufgaben und Tätigkeiten werden mehr geachtet und ziehen viel Applaus auf sich, andere weniger. Von der Tätigkeit her aber ergibt sich nicht der Wert eines Menschen bei Gott. Allein dass Gott uns liebt und zu sich gerufen hat, das macht unseren Wert aus. Er hat uns zum Leib der Gemeinde hinzugefügt, weil er uns in seiner Nähe haben will.
Es geht nicht darum sich bei Gott über die Tätigkeiten und Funktionen zu definieren. Vielleicht ist Gottes Wertesystem ja auch ganz anders als mein Denken und er erachtet gerade die Dinge als unglaublich wertvoll, um die sich hier bei uns keiner kümmert? Als „Coach" seines Teams „Gemeinde" hat Gott den vollen Überblick.

Frage die Teilnehmer: Welche Aufgaben werden in deiner Gemeinde als besonders wichtig angesehen? Welche Arbeit macht keiner gerne? Mit welchen Augen sieht Gott darauf?

Verse 25-27: Gib alles!
Die Gemeinde ist eine sehr sensible Angelegenheit: Wenn sich Leute in der Mitarbeit zurücknehmen und sich weniger einbringen, aus welchen Gründen auch immer, dann fehlt der Gemeinde was! Auch wenn man es nicht sofort merkt oder wahrhaben will : wenn ein Teil leidet, hat das Auswirkungen auf die anderen. Genauso geschieht das im Positiven: da wo Dinge gelingen und viel Gutes geschieht, weil Menschen sich von ganzem Herzen und mit ganzer Kraft für Gott einbringen, profitieren alle davon. Das Team muss aufeinander achten, mit voller Hingabe und miteinander statt nebeneinander spielen.

Frage die Teilnehmer: Kennst du Situationen, in denen du nicht bereit bist, das für Jesus zu geben, was du kannst? Was passiert da mit dir? Wie kannst du das ändern? Welche positiven Auswirkungen könnte dein ganzer Einsatz bringen?

INTERAKTIV

Kommt ins Gespräch darüber, wo sich wer und warum eingetragen hat!
Helfende Fragen können sein: Was denke ich, kann ich gut? Warum ist es so wichtig, dass ich mich gerade so einbringe?

Wenn ihr das im Jugendkreis eingebracht habt, besucht andere Gemeindegruppen (Bibelstunde, Altenkreis, Jungschar ...) und lasst sie sich auf eurem Plakat eintragen. Wo würden sie sich eintragen und warum? Was tun, wenn sich zwei Leute auf die gleiche Stelle eintragen? Beißt sich das miteinander oder geht das? Würde sich in der Gemeinde was ändern, wenn jeder auch das tun würde, was er/sie aufschreibt?

Dazu braucht ihr ein großes Stück Papier (2 m x 1,5 m) oder zusammengeklebte Tapetenrollen. Die legt ihr auf den Boden und einer von euch legt sich auf das Papier. Seine Körperumrisse werden mit Edding oder Farbe auf die Tapete gemalt. Wenn die Figur fertig ist, darf jeder von euch seinen Namen auf ein Körperteil schreiben, das er gerne wäre (oder ist) am Leib Jesu.

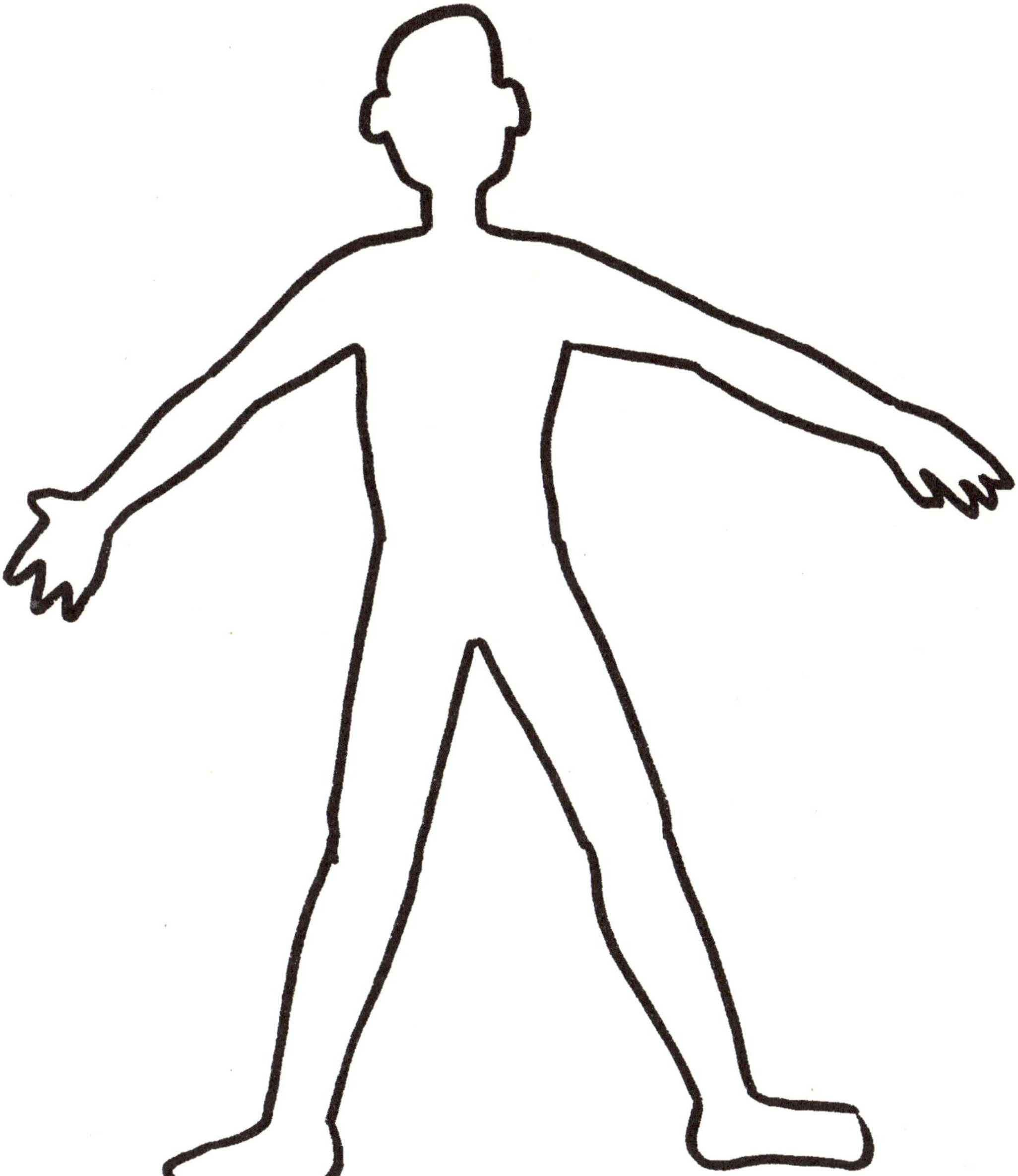

Kopiervorlage

Weitergehende Aktionen und Projekte

Eine Jugendsonderausgabe des Gemeindebriefes erstellen ... das Jugendparlament der Gemeinde wählen und in den Ältestenkreis zu einer Sitzung entsenden ... ältere Gemeindemitglieder zu einer Talkshow in den Jugendkreis einladen ... selbst mal den Altennachmittag mitgestalten ... oder einen Gemeindegottesdienst mitgestalten ... Gemeindemitglieder mal besuchen gehen ... Aktion Wunschgemeinde: Videodreh mit Interviews von Gemeindeleuten – vielleicht haben die ja auch gute Ideen zur Wunschgemeinde ... Gemeindekochduell veranstalten mit gemischten Alt-Jung-Teams ... eine Gemeinde-Foto-Story machen ... über die Geschichte der Gemeinde recherchieren, wie alt ist sie, was haben Menschen mit ihr erlebt ... Wichtig ist, dass ihr die Leute zu den Aktionen motiviert und nicht zwingt.

SAVE

(Kopiervorlage auf Seite 79)

Was möchtet ihr als Jugendkreis im Blick auf die Gesamtgemeinde tun, um mehr zusammenzuwachsen? Vielleicht plant ihr ein bis zwei Aktionen und besprecht sie mit den Verantwortlichen eurer Gemeinde, wie ihr sie gemeinsam umsetzen könnt!

HAPPY END

Formt und backt Salzteigfiguren (entweder miteinander als Aktion oder einer für alle vorher). Rezept für den Teig findet ihr z.B. bei www.bastelmafia.com.

Achte darauf, dass sie nicht zu groß werden, ca. 12 cm hoch, sonst werden sie unhandlich!

Für jeden Teilnehmer hängst du einen Bibelvers als Ermutigung um dessen Hals (z. B. Epheser 1,22f.). Auf der Salzteigfigur sollen noch einmal alle Teilnehmenden des Kurses mit Edding unterschreiben. Man kann hinten an die Figur auch einen Bilderhaken befestigen, wenn man sie aufhängen will.

Beenden könnt ihr den Abend mit einer gemeinsamen Gebetsrunde, einem Lied und dem Verschenken und Signieren der Salzteigfiguren.

Einheit 5: Die Gemeinde, die mit dir unterwegs ist

1. Ohne Gemeinde geht es nicht!

Christsein ohne Gemeinde geht auf die Dauer nicht. Allein, ohne Gemeinde, kann man in der lebendigen Nachfolge nicht überleben.
Warum ist es so wichtig noch andere in der Gemeinde zu haben, die auch an Jesus glauben und mit dir unterwegs sind?

2. Bildet ein Team!

In der Gemeinde gibt es wie in einem Fußballteam Stürmer und Verteidiger. Die einen möchten immer voran und Tore schießen, die anderen möchten vor allem verhindern, selbst Tore zu kassieren. In der Gemeinde gibt es oft solche, die voranstürmen und vor allem evangelisieren möchten, und andere, die vor allem darauf bedacht sind, die Angriffe von außen abzuwehren und die Gemeinde zu schützen. Beide Bereiche sind wichtig und sollten einander achten. Vor allem aber ist ein gutes „Mittelfeld" wichtig, das beide Interessen bestmöglich zu verbinden versucht und die Distanzen überbrückt.
Gehörst du zu diesem Mittelfeld, das sich dafür einsetzt, dass Unterschiede überbrückt werden, um gemeinsam zu siegen?
Übrigens: Sturm, Abwehr oder Verteidigung ist keine Frage des Alters!

3. Ohne dich geht es nicht!

Dem Leib Christi fehlt etwas: du und deine Gaben! Du enthältst dich Jesus vor, wenn du dich nicht einbringst. Und das schwächt den ganzen Leib.
Hast du schon herausgefunden, was du gut kannst und wie du es im Rahmen der Gemeinde einbringen kannst? Wenn nicht, wer kann dir dabei helfen?
Bist du bereit, deinen Platz am Leib Christi einzunehmen und das, was du gut kannst, in der Gemeinde einzubringen?

4. Ohne Stolpersteine geht es manchmal nicht

Krisen, Missverständnisse, Meinungsverschiedenheiten und Spannungen können immer mal wieder in Gemeinden vorkommen, wenn man gemeinsam unterwegs ist. Wichtig ist hier aber, das Haupt Jesu (das ist der Kopf, der den Ton angibt) nicht aus dem Blick zu verlieren und die Spannungen mit Jesu Hilfe zur Klärung zu bringen. Den Kopf in den Sand zu stecken und einfach sein eigenes Ding zu machen, hilft meistens nicht.
Welchen Umgang können wir als Jugendkreis im Hinblick auf Neid, Missgunst und andere Spannungen pflegen, damit diese uns als Gemeinschaft nicht belasten und bestimmen?

Einheit 6:
Das Gespräch, das dich verändert

Worum geht es in dieser Einheit?

Hier geht es um das Gespräch mit Gott – das Hören und Reden. Je tiefer und lebendiger die Beziehung wird, umso intensiver und vertrauter wird auch dieses Gespräch. Die Teilnehmer sollen erfahren, wie genial es ist, mit Gott zu reden und auf sein Reden zu hören; wie herrlich es ist, für andere zu beten und durch das Gebet diese Welt zu verändern. Immer wieder betont Jesus die Bedeutung des Gebets und wie es den Arm Gottes bewegt – wir sehnen uns danach, dass die Teilnehmer etwas vom Abenteuer „Beten" erleben und den heißen Draht zu Gott nutzen.

Tipp: Wenn ihr mit einem gemeinsamen Essen beginnt, könnt ihr bereits auf das Essensgebet eingehen. Ist es nur eine Floskel oder danken wir Gott wirklich für das Essen? Wenn du die Handy-Nummern einiger Teilnehmer kennst, kannst du schon im Vorfeld eine „SMS von Gott" versenden, in dem „Gott" die Jugendlichen einlädt, ihn kennen zu lernen. Die Dekoration könnte zum Thema „Kommunikation" gestaltet sein, z. B. mit Telefonen.

WAKE UP

Baustein: Videoclip

„Da hilft nur noch beten...“? Die Erfahrungen mit dem Gebet, dem Gespräch mit Gott, fallen unterschiedlich aus. Da gibt es welche, die halten das Gebet nur für ein Überbleibsel aus alten Kindertagen oder einen Notnagel, wenn gar nichts anderes mehr geht – und für andere ist es das Normalste und Genialste der Welt. Sicher ist: Wenn es einen Gott gibt, der uns geschaffen und einen guten Plan für unser Leben hat, dann macht es sehr großen Sinn mit ihm zu reden und ihn ins Leben einzubeziehen. Nach dem Videoclip könnt ihr erst einmal Eindrücke und Erfahrungen der Teilnehmer mit Gebet auf einem Flipchart sammeln.

Baustein: Das Gespräch neulich zwischen Beter und „Vater“

Tipp: Dieser Teil kann vorgelesen oder -gespielt werden. Im Nachklang kann das Lied „Millennium Prayer“ von Cliff Richards abgespielt werden, dieses Lied ist im Internet frei erhältlich – übrigens auch als Handy-Klingelton für die Teilnehmer. Ebenso gibt es auch von Xavier Naidoo eine geniale Version des „Vaterunser“. Kommt ins Gespräch über den Wake-up-Teil! Wie aktuell sind das Gebet allgemein und das Vaterunser im Speziellen?

Das Gespräch

„Vater unser im Himmel.“ – „Ja?“ – „Unterbrich mich nicht! Ich bete.“ – „Aber du hast mich doch angesprochen!“ – „Ich dich angesprochen? Äh...nein, eigentlich nicht. Das beten wir eben so: Vater unser im Himmel.“ – „Da – schon wieder! Du rufst mich an, um ein Gespräch zu beginnen, oder? Also, worum geht‘s?“ – „Geheiligt werde dein Name ...“ – „Meinst du das ernst?“ – „Was soll ich ernst meinen?“ – „Ob du meinen Namen wirklich heiligen willst. Was bedeutet das denn?“ – „Es bedeutet ... es bedeutet ... meine Güte, ich weiß nicht, was es bedeutet. Woher soll ich das wissen?“ – „Es bedeutet, dass du mich ehren willst, dass ich dir einzigartig wichtig bin, dass dir mein Name wertvoll ist.“ – „Aha. Hm. Ja, das verstehe ich. Dein Reich komme, dein Wille geschehe, wie im Himmel, so auch auf Erden...“ – „Tust du was dafür?“ – „Dass dein Wille geschieht? Natürlich! Ich gehe regelmäßig zum Gottesdienst. Ich gebe Geld für die Mission, für die Diakonie, für die Weltbibelhilfe und für Brot für die Welt.“ – „Ich will mehr. Dass dein Leben in Ordnung kommt.

Dass deine Angewohnheiten, mit denen du anderen auf die Nerven gehst, verschwinden, dass du von anderen her und hin anders denken lernst. Dass allen Menschen geholfen werde und sie zur Erkenntnis der Wahrheit kommen, auch deine Kolleginnen und Mitarbeiterinnen. Ich will, dass Kranke geheilt, Hungernde gespeist, Trauernde getröstet und Gefangene befreit werden, denn alles, was du diesen Leuten tust, tust du doch für mich!" –

„Warum hältst du das ausgerechnet mir vor!? Was meinst du, wie viele steinreiche Heuchler in den Kirchen sitzen. Schau die doch an!" – „Entschuldige. Ich dachte, du betest wirklich darum, dass mein Herrschaftsbereich kommt und mein Wille geschieht. Das fängt nämlich ganz persönlich bei dem an, der darum bittet. Erst wenn du dasselbe willst wie ich, kannst du eine Botschafterin meines Reiches sein." – „Das leuchtet mir ein. Kann ich jetzt mal weiter beten? Unser tägliches Brot gib uns heute..." – „Du hast Übergewicht, meine Liebe! Deine Bitte schließt die Verpflichtung ein, etwas dafür zu tun, dass die Millionen Hungernden dieser Welt ihr tägliches Brot bekommen." – „Und vergib uns unsere Schuld, wie auch wir vergeben unseren Schuldigern..." – „Und Heinz?" – „Heinz? Jetzt fang' du auch noch von dem an! Du weißt doch, dass er mich öffentlich blamiert, dass er mir jedes Mal dermaßen überheblich entgegentritt, dass ich schon wütend bin, bevor er seine herablassenden Bemerkungen äußert. Und das weiß er auch! Er lässt meine Meinung nicht gelten – nur das, was er sagt, ist richtig, dieser Typ hat..." – „Ich weiß, ich weiß. Und dein Gebet?" – „Ich meinte es nicht so." – „Du bist wenigstens ehrlich. Macht dir das eigentlich Spaß, mit so viel Bitterkeit und Abneigung herumzulaufen?" – „Es macht mich krank." – „Ich will dich heilen. Vergib Heinz und ich vergebe dir. Dann sind Überheblichkeit und Hass die Sünden von Heinz und nicht deine. Vielleicht verlierst du Geld, ganz sicher verlierst du ein Stück Ansehen, aber es wird dir Frieden ins Herz bringen." –„Hm. Ich weiß nicht, ob ich mich dazu überwinden kann." – „Ich helfe dir dabei." –

„Und führe uns nicht in Versuchung, sondern erlöse uns von dem Bösen..." – „Nichts lieber als das! Meide bitte Personen oder Situationen, in denen du versucht wirst." – „Wie meinst du das?" – „Du kennst doch deine schwachen Punkte! In deiner Unverbindlichkeit, bei deinem Finanzverhalten, der Sexualität, Aggression und Erziehung. Gib dem Versucher keine Chancen." –

„Ich glaube, das ist das schwierigste Vaterunser, das ich je gebetet habe. Aber es hat zum ersten Mal was mit meinem alltäglichen Leben zu tun." – „Schön. Wir kommen vorwärts. Bete ruhig zu Ende." – „Denn dein ist das Reich und die Kraft und die Herrlichkeit in Ewigkeit. Amen." – „Weißt du, was ich herrlich finde? Wenn Menschen wie du anfangen, mich ernst zu nehmen, aufrichtig zu beten, mir nachzufolgen und dann das zu tun, was mein Wille ist. Wenn sie merken, dass ihr Wirken für das Kommen meines Reiches sie letztlich selbst glücklich macht."

(Abdruck mit freundlicher Genehmigung aus: Wolfgang Heiner, Praxisbuch Anspiele 1

Fragen an die Teilnehmer:
Beten? Was ist das für dich? Was hast du schon damit erlebt?
Lass Zeit für einen kurzen Austausch!

WALK

Was bedeutet eigentlich „Gebet"?
Die Jünger Jesu baten ihn einmal und sagten: „Herr, lehre uns beten" (Lukas 11,1). Und Jesus lehrte sie ein Gebet, das wohl das bekannteste Gebet der Weltgeschichte wurde: das Vaterunser. Wir finden es nicht nur im Lukasevangelium überliefert, sondern auch in einer der genialsten Reden Jesu, der Bergpredigt, in Matthäus 6,9-13. Hier nimmt es bewusst einen ganz zentralen Platz ein. Bis heute hat dieses Gebet nicht an Bedeutung verloren - und auch nicht an Aktualität.
Als der englische Sänger Cliff Richard Ende 1999 aus dem Text des Vaterunsers den Song „Millennium Prayer" schuf, stürmte der Titel mit diesem Gebetstext augenblicklich die englischen Charts und hielt sich längere Zeit auf Platz 1. Ein Gebet, das man nicht einfach „runterbeten" sollte, denn da steckt viel drin für dein Leben!

Tipp: Der Walk durch den Text des Vaterunsers kann in großer Gruppe, in kleinen Teams oder zum Teil auch in Einzelbeschäftigung erfolgen. Wichtig ist, grundlegende Fragen zum Gebet zu klären.

Matthäus 6,9-13
„Unser Vater im Himmel! Dein heiliger Name soll geehrt werden. Richte bald deine Herrschaft bei uns auf. Lasse deinen Willen hier auf der Erde geschehen, wie er im Himmel geschieht. Gib uns auch heute wieder, was wir zum Leben brauchen. Vergib uns unsere Schuld, wie wir denen vergeben, die uns Unrecht getan haben. Bewahre uns davor, dass wir dir untreu werden, und befreie uns von dem Bösen. Denn dir gehören Herrschaft, Macht und Ehre für alle Zeiten. Amen!"

Diskutiert gemeinsam oder in Gruppen: Warum antwortet Jesus mit diesem Gebet auf die Bitte der Jünger, ihnen das Beten beizubringen?

Vers 9: 1. Gott – unser Vater?

Jesus nennt Gott seinen Vater. Das ist klar. Aber er lädt auch uns ein, Gott unseren „Vater" zu nennen! Was bedeutet das? Wir werden Teil einer ganz besonderen, neuen Familie mit einem Vater, der all unsere Vater-Bilder sprengt. Dieser Vater ist voller Liebe für uns und sehnt sich danach, uns mit Leben in Fülle zu beschenken. Keine Fülle, die uns erschlägt oder kaputtmacht, sondern ein erfülltes Leben mit Tiefgang und Perspektive. Als seine Kinder dürfen wir selbstverständlich und jederzeit mit allem zu ihm kommen – mit unseren Sorgen, aber auch mit unserem Dank oder einfach mit unserem Leben. Dieser Vater ist interessiert an unserem Leben und so wird unser Gebet auch nie ein Einbahnstraßen-Monolog. Nein, Gott hört nicht nur jedes Gebet, er redet auch ganz konkret in unser Leben. Manchmal redet er in unserem Herzen, manchmal durch andere Menschen oder Situationen. Manchmal erkennen wir sein Reden sofort, manchmal entdecken wir erst im Rückblick, wie Gott re(a)giert hat.

Frage die Teilnehmer: Welches Bild vom „Vater" hast du? Vergleiche es mit dem „Vater", den Jesus in Lukas 15,11-32 vor Augen hat! Was fällt dir auf?

Viele unserer Gebete haben nur unsere „wichtigen" Anliegen und Bitten vor Augen, aber Jesus richtet seinen Blick zuerst auf Gott und ehrt ihn. Jesus weiß, wie wichtig es ist, die Dinge wieder zu ordnen. Nicht meine Sorge, nicht mein Problem soll mein Leben bestimmen, sondern Gott. Nur ihm gebührt der erste Platz, auch in meinem Gebet.

Frage die Teilnehmer: Hast du in deinen Gebeten Gott vor Augen? Versuche einmal bei jedem Gebet zuerst Gott in den Mittelpunkt zu rücken! Es geht darum, dass sein Reich gebaut wird und sein Wille geschehe (Vers 10). Haben wir diese Perspektive klar vor Augen oder schauen wir nur auf uns und die schnelle Befriedigung unserer Bedürfnisse im Gebet?

Vers 11: 2. Versorgung

Jesus macht den Menschen Mut, ihren Alltag nicht von den Sorgen auffressen zu lassen, sondern im Vertrauen auf Gott zu leben. Jesus deutet es schon im Vers 11 an

Infopoint

Der kleine Katechismus (Dr. Martin Luther)
Das dritte Hauptstück: Das Vaterunser

DIE ANREDE
Vater unser im Himmel.

Was ist das?
Gott will uns damit locken, dass wir glauben sollen, er sei unser rechter Vater und wir seine rechten Kinder, damit wir getrost und mit aller Zuversicht ihn bitten sollen wie die lieben Kinder ihren lieben Vater.

DIE ERSTE BITTE
Geheiligt werde dein Name.

Was ist das?
Gottes Name ist zwar an sich selbst heilig; aber wir bitten in diesem Gebet, dass er auch bei uns heilig werde.

Wie geschieht das?
Wo das Wort Gottes lauter und rein gelehrt wird und wir auch heilig, als die Kinder Gottes, danach leben. Dazu hilf uns, lieber Vater im Himmel! Wer aber anders lehrt und lebt, als das Wort Gottes lehrt, der entheiligt unter uns den Namen Gottes. Davor behüte uns, himmlischer Vater!

DIE ZWEITE BITTE
Dein Reich komme.

Was ist das?
Gottes Reich kommt auch ohne unser Gebet von selbst, aber wir bitten in diesem Gebet, dass es auch zu uns komme.

Wie geschieht das?
Wenn der himmlische Vater uns seinen Heiligen Geist gibt, dass wir seinem heiligen Wort durch seine Gnade glauben und danach leben, hier zeitlich und dort ewiglich.

DIE DRITTE BITTE
Dein Wille geschehe, wie im Himmel, so auf Erden.

Was ist das?
Gottes guter, gnädiger Wille geschieht auch ohne unser Gebet; aber wir bitten in diesem Gebet, dass er auch bei uns geschehe.

Wie geschieht das?
Wenn Gott allen bösen Rat und Willen bricht und hindert, die uns den Namen Gottes nicht heiligen und sein Reich nicht kommen lassen wollen, wie der Teufel, die Welt und unsres Fleisches Wille; sondern stärkt und behält uns fest in seinem Wort und Glauben bis an unser Ende. Das ist sein gnädiger, guter Wille.

DIE VIERTE BITTE
Unser tägliches Brot gib uns heute.

Was ist das?
Gott gibt das tägliche Brot auch ohne unsere Bitte allen bösen Menschen; aber wir bitten in diesem Gebet, dass er's uns erkennen lasse und wir mit Danksagung empfangen unser tägliches Brot.

Was heißt denn tägliches Brot?
Alles, was Not tut für Leib und Leben, wie Essen, Trinken, Kleider, Schuh, Haus, Hof, Acker, Vieh, Geld, Gut, fromme Eheleute, fromme Kinder, fromme Gehilfen, fromme und treue Oberherren, gute Regierung, gut Wetter, Friede, Gesundheit, Zucht, Ehre, gute Freunde, getreue Nachbarn und desgleichen.

DIE FÜNFTE BITTE
Und vergib uns unsere Schuld, wie auch wir vergeben unsern Schuldigern.

Was ist das?
Wir bitten in diesem Gebet, dass der Vater im Himmel nicht ansehen wolle unsere Sünden und um ihretwillen solche Bitten nicht versagen, denn wir

sind dessen nicht wert, was wir bitten, haben's auch nicht verdient; sondern er wolle es uns alles aus Gnaden geben, obwohl wir täglich viel sündigen und nichts als Strafe verdienen. So wollen wir wiederum auch herzlich vergeben und gerne wohl tun denen, die sich an uns versündigen.

DIE SECHSTE BITTE
Und führe uns nicht in Versuchung.

Was ist das?
Gott versucht zwar niemand; aber wir bitten in diesem Gebet, dass uns Gott behüte und erhalte, damit uns der Teufel, die Welt und unser Fleisch nicht betrüge und verführe in Missglauben, Verzweiflung und andere große Schande und Laster; und wenn wir damit angefochten würden, dass wir doch endlich gewinnen und den Sieg behalten.

DIE SIEBENTE BITTE
Sondern erlöse uns von dem Bösen.

Was ist das?
Wir bitten in diesem Gebet, dass uns der Vater im Himmel vom Bösen und allem Übel an Leib und Seele, Gut und Ehre erlöse und zuletzt, wenn unser Stündlein kommt, ein seliges Ende beschere und mit Gnaden von diesem Jammertal zu sich nehme in den Himmel.

DER BESCHLUSS
Denn dein ist das Reich und die Kraft und die Herrlichkeit in Ewigkeit. Amen.

Was heißt Amen?
Dass ich soll gewiss sein, solche Bitten sind dem Vater im Himmel angenehm und werden erhört. Denn er selbst hat uns geboten, so zu beten, und verheißen, dass er uns erhören will. Amen, Amen, das heißt: Ja, ja, so soll es geschehen.

und geht dann ab Vers 19 intensiver darauf ein. Während wir, im satten Europa, diesen Vers schnell auf andere Bereiche des Lebens ausweiten, hat er für sehr viele Menschen ganz praktische Bedeutung, wenn sie am Morgen noch nicht wissen, woher sie das Essen für den Tag nehmen sollen.
Beten heißt immer auch zu hören, wo Gott mich schon längst gerufen hat, selber aktiv zu werden und z.B. dem Hunger der Welt mutig entgegenzutreten.

Aber über die reine Nahrung hinaus ermutigt Jesus seine Leute, nicht die Sorge in den Mittelpunkt zu rücken, sondern wirklich Gott. Das bedeutet nicht, die Hände in die Hosentaschen zu stekken und zu warten, bis Gott uns füttert. Nein, aktiv und verantwortlich in dieser Welt handeln in der tiefen Gelassenheit, dass Gott uns trägt und führt.

Frage die Teilnehmer: Spielt die Sorge in deinem Leben eine Hauptrolle und versperrt so vielleicht den Blick auf Gott? Wie kannst du ganz konkret lernen, deine Sorgen im Gebet an Gott abzugeben und gelassen zu werden?

Und: Wo kannst du für andere zur „Gebetserhörung" werden, indem du die Not und Sorge der Welt umbetest und anpackst?

Vers 12: 3. Vergebung

Das ist schon ein gewaltiger Satz, oder? Macht Jesus hier die Vergebung Gottes davon abhängig, ob und wie ich anderen vergebe? Steht unvergebene Schuld dem Handeln Gottes im Weg? Tatsächlich ist es so: Wer anderen etwas „nachträgt", der trägt daran oft am schwersten und dessen Herz ist auch für die Vergebung Gottes nicht offen. Manche Schuld ist so unendlich schwer zu vergeben. Gott weiß darum. Und dennoch konnte Jesus in der qualvollsten Stunde am Kreuz Gott bitten, seinen Mördern zu vergeben.

Frage die Teilnehmer: Wo hast du anderen noch nicht vergeben? Was möchtest du heute vor Mensch und Gott endlich loswerden, damit es dein Leben und deine Beziehung mit Gott nicht länger belastet?
Es gibt ein altes Wort, das scheinbar aus der Mode gekommen ist, aber vom Inhalt her sehr bedeutsam ist: Beichte. Du denkst vielleicht gleich an einen Beichtstuhl, aber etwas anderes steht im Vordergrund: **Be** (ich) **te** = ich bete. Beichte bedeutet, dass ich meine Last vor Mensch und Gott ablegen und neu und befreit aufatmen kann.

Vers 13: 4. Versuchung

Es geht wieder um unseren Blick. Das ganze Vaterunser ist eine große Bitte, dass unser Blick nicht von falschen Dingen abgezogen wird und sich unser Herz und Leben wieder neu auf Gott ausrichtet. Weder die Sorge noch quälende unvergebene Schuld oder falsche Gedanken sollen mich von Gott wegbringen. Diese neue Ausrichtung auf Gott ist das Hauptanliegen des Vaterunsers und letztlich all unserer Gebete. Manchmal stören uns scheinbar wichtige Gedanken sogar mitten im Gespräch mit Gott.

Frage die Teilnehmer: Kennst du das? Ein Tipp: Lege dir beim Beten Zettel und Stift bereit und schreibe störende Gedanken (die ja auch oft noch wichtig sind) auf. Dann kannst du dich neu auf das Gespräch mit Gott konzentrieren.

Verse 9.13: 5. Gott – allmächtig

Das Gebet richtet uns wieder neu aus. Nicht die Mühen und Sorgen des Alltags oder irgendwelche Mächte haben das Sagen, sondern der, dem alles gehört – jetzt und in Ewigkeit.

Gott ist unser liebender Vater und zugleich der Herr der ganzen Welt. Wir haben als Menschen immer nur Anfang und Ende vor Augen – alles hat bei uns ein Verfallsdatum, sogar wir selbst. Darum fällt uns der Begriff „Ewigkeit“ so schwer und auch der Glaube an einen, der ewig ist.

Frage die Teilnehmer: Wenn du das Vaterunser so betrachtest, was möchtest du daraus für deine Gespräche mit Gott lernen?

Jesus lehrt den Jüngern nicht nur dieses Gebet, er lebt ihnen auch die Beziehung zum Vater vor. Darin finden sich keine verkrampften Gebetshaltungen. Du musst also nicht die Hände falten und die Augen schließen, auch wenn es sicher hilft, sich auf Gott zu konzentrieren. Jesus lebt auch keine zwanghaften Gebetszeiten vor, die man mindestens einhalten sollte, sondern er lebt eine Freundschaft mit dem Vater, eine liebevolle Beziehung, in der das Gespräch mit Gott ganz normaler Bestandteil ist. Jemand sagte mal: „Beten ist das Atemholen der Seele!“ Ja, es ist so normal, so zwanglos und doch lebenswichtig.

Wir können und dürfen jederzeit und überall mit Gott reden, denn er hat keine Sprechstunden, sondern 24 Stunden geöffnet.
Ein Tipp: Es ist sehr wertvoll wenigstens eine Zeit am Tag, vorzugsweise am Morgen, wenn der Tag mit allen Herausforderungen noch vor dir liegt, bewusst im Gespräch mit Gott zu verbringen. Diese Zeit wird manchmal auch als „Stille Zeit“ bezeichnet, weil es sich lohnt, einmal in Ruhe mit Gott über alles zu sprechen.

Frage die Teilnehmer: Wie möchtest du persönlich mit Gott ins Gespräch kommen? Kannst du dir eine Zeit am Tag für dieses Gespräch reservieren?

INTERAKTIV

Stationen des Gebetes
Bau verschiedene Gebetsstationen auf! Da kann es eine Station geben, an der ihr Steine nehmen und mit eurer Last beschreiben könnt. Diese Steine, diese Lasten, können dann zu einem Kreuz getragen und dort bei Jesus abgelegt werden. Der Stein

Einheit 6: Das Gespräch, das dich verändert

Matthäus 6,9-13

„Unser Vater im Himmel! Dein heiliger Name soll geehrt werden. Richte bald deine Herrschaft bei uns auf. Lasse deinen Willen hier auf der Erde geschehen, wie er im Himmel geschieht. Gib uns auch heute wieder, was wir zum Leben brauchen. Vergib uns unsere Schuld, wie wir denen vergeben, die uns Unrecht getan haben. Bewahre uns davor, dass wir dir untreu werden, und befreie uns von dem Bösen. Denn dir gehören Herrschaft, Macht und Ehre für alle Zeiten. Amen!“

Kopiervorlage

kann aber auch die „Schuld“ sein, die ich anderen schon seit langem „nachtrage“. An einer anderen Station ist eine „Klagemauer“ aufgebaut, z.B. mit Schuhkartons oder mit einer Wandtapete. Auf diese Mauer können unsere Klagen gesprayt oder geschrieben werden. An einer weiteren Station wird man blind und barfuß über einen Parcours geführt. Man muss sich dem, der einen führt, blind anvertrauen. Ein anderer Raum ist verdunkelt, nur einige Kerzen brennen und jemand liest Texte der Bibel vor - ein Ort der Stille vor Gott.

Entdeckt das Gebet ganz neu als lebenswichtigen Draht zu Gott! Durchlauft (gedanklich oder tatsächlich, allein oder mit anderen) einige Gebetsstationen! Zum Beispiel eine Klagemauer oder schneidet ein großes Herz aus für euer Lob an Gott.
Wie könnt ihr weitere Stationen gestalten und was möchtet ihr Gott dort sagen?

SAVE

Jetzt geht es noch einmal an einige Knackfragen zum Gebet heran. Hier geht es darum, das Gebet nicht als Methodik, sondern als das natürliche Gespräch mit dem Schöpfergott und liebenden Vater zu beschreiben. Eigene Erfahrungen dürfen und sollten unbedingt mit einfließen (Kopiervorlage Seite 91).

HAPPY END

Verteile Gebetskarten, auf die jeder seinen Namen schreibt! (Kopiervorlage auf Seite 92.) Dann misch die Karten und teil sie neu aus. Die Teilnehmer lernen, füreinander zu beten. Genial zu wissen, wenn jemand anderes für mich betet! Vielleicht kannst du auch Gebetsarmbänder verteilen. Es gibt fertige Bänder, z.B. mit dem Aufdruck „P.U.S.H.“ („Pray until something happens“ - Bete so lange, bis etwas passiert) oder ihr macht euch eigene Freundschaftsbänder, die euch an das Gebet füreinander erinnern. Armbänder gibt es z.B. beim Deutschen EC-Verband unter www.ec-jugend.de/ec-shop.

Einheit 6: Das Gespräch, das dich verändert

1. „In Jesu Namen"?

Felix ist noch nicht lange Christ, als er plötzlich einen gewaltigen Text in der Bibel entdeckt, denn da sagt Jesus denen, die ihm folgen: „Worum ihr in meinem Namen bitten werdet, das werde ich euch geben, damit durch die Taten des Sohnes die Herrlichkeit des Vaters sichtbar wird." – Felix ist fasziniert. Wenn das stimmt, dann ...

Lies einmal nach: Johannes 14,13.14; 15,7; 15,16 und 16,23.24! Was bedeutet es in „Jesu Namen" zu bitten? Vergleich es einmal mit Geschäftsleuten, die im Namen ihrer Firma handeln, oder mit Botschaftern, die im Namen ihrer Regierung reden! Was hat der vor Augen, der im Namen Jesu bittet? Wie kannst du lernen, so zu beten?

2. Was erwartest du?

Was erwartest du vom Gebet? Eine Geschichte aus Afrika erzählt davon, wie ein Pfarrer seine Gemeinde einlädt, um für den lang ersehnten Regen zu beten. Ein Junge kommt mit Regenschirm zum Gebet und antwortet auf eine Nachfrage: „Na, wenn es nach dem Gebet regnet, brauche ich doch einen Regenschirm!" – Gebet ist kein langweiliges, monotones Herunterleiern frommer Sprüche, sondern ein Abenteuer des Glaubens. Wer sich darauf einlässt, kann sich auf einiges gefasst machen.

Ist dein Gebet von der Erwartung geprägt, dass Gott handelt?

3. Kommt mein Gebet zu Gott?

„Manchmal habe ich das Gefühl, dass mein Gebet nur bis an die Zimmerdecke geht und nicht wirklich weiter!" – Wohin möchten wir unser Gebet denn schicken? Unser Gebet muss nicht bis ins All vordringen, sondern Jesus ist bei dir und in dir, wenn du ihm Raum gibst. Lies einmal Johannes 15,1-8!

Was bedeutet dieses Bild vom Weinstock für dein Reden mit und dein Hören auf Jesus?

4. Un-erhörtes Gebet

„Und was ist, wenn Gott nicht hört?" – Lies einmal die kurze Geschichte von Jabez (1. Chronik 4,9-10)! Zwischen langen Stammbäumen kommt diese Story zum Vorschein. Jabez (dt. „Schmerz") betet zu Gott. Jemand sagte einmal im Gottesdienst: „Das ist ja unerhört, wie dieser Kerl betet!" Aber es wird ausdrücklich gesagt, dass sein Gebet nicht un-erhört blieb, sondern Gott handelte. Kann es sein, dass wir manchmal Gott mit unseren Gebeten klein machen, weil wir zu wenig von ihm erwarten, zu wenig auf ihn vertrauen? Gott hört dein Gebet – das ist sicher. Er mag es nicht er-hören, so wie du es denkst, aber es gilt, dass uns alle Dinge zum Besten dienen, denn Gott hat den besten Plan für uns (Römer 8,28). Ich lade dich ein, ein Gebetstagebuch anzufangen. Schreibe deine Gebete und Gottes Antworten auf. Du wirst sehen, dieses Buch wird ein Abenteuerbericht, weil Gott unser Gebet hört und ernst nimmt. Wer im Namen seines Sohnes bittet und Gott vor Augen hat, der wird auch sein Handeln sehen dürfen. Diese aufgeschriebenen Gebetsabenteuer können dir auch dann helfen, wenn du mal etwas länger auf Antwort wartest und dir die Geduld ausgeht – dann erinnert es dich daran: Gott weiß um dein Gebet und hat das Beste für dich im Sinn.

Das Ganze kann noch abenteuerlicher werden, wenn du dich mit anderen triffst und ihr ein Gebetsteam bildet. Und Jesus ist mit im Team, denn er verspricht: „Wo zwei oder drei in meinem Namen versammelt sind, da bin ich mitten unter ihnen" (Matthäus 18,20).

Ich möchte heute/täglich für

beten!

Ich möchte heute/täglich für

beten!

Ich möchte heute/täglich für

beten!

Ich möchte heute/täglich für

beten!

Ich möchte heute/täglich für

beten!

Ich möchte heute/täglich für

beten!

Ich möchte heute/täglich für

beten!

Ich möchte heute/täglich für

beten!

Ich möchte heute/täglich für

beten!

Ich möchte heute/täglich für

beten!

Kopiervorlage

Einheit 7: Das Leben, das dir alles eröffnet

Worum geht es in dieser Einheit?

Erfülltes Leben ist mehr als Konsum und Erfüllung aller Wünsche. Gerade Menschen, die alles haben, sind innerlich oft leer. Der Mensch ist von Gott so angelegt, dass er über dieses Leben hinausfragt, Gott hat ihm „die Ewigkeit in sein Herz gelegt" (Prediger 3,11). Das gilt auch für Nichtchristen (Nietzsche: „Alle Sehnsucht will tiefe, tiefe Ewigkeit"). Das neue Leben, das Jesus uns schenkt, ist mit dem Tod nicht zu Ende, Gottes neuer Himmel und seine neue Erde, die er uns verheißen hat und die er hervorbringen wird, werden zur Vollendung bringen, was auch im besten irdischen (und christlichen) Leben unvollendet geblieben ist. Gott wird am Ende Recht behalten gegen alle Herren dieser Welt.

„Ich kenne unzählige Menschen, die nach dem ewigen Leben dürsten,
aber mit einem verregneten Sonntagnachmittag nichts anzufangen wissen!"
(Johannes Gross, ehemaliger Chefredakteur der Zeitschrift Capital)

WAKE UP

Ewiges Leben, in den Himmel kommen – was stellst du dir darunter vor?

Diese Frage hat die Menschen zu allen Zeiten beschäftigt und sie haben sich so ihre Gedanken dazu gemacht. Kommen wir alle in den Himmel, oder gibt es dazu bestimmte Voraussetzungen? Was muss ich dafür tun, um das ewige Leben zu bekommen? Wie soll ich mir dieses ewige Leben vorstellen? Geht dieses bekannte irdische Leben dann einfach endlos weiter? Und wenn nicht, was kommt dann? Und habe ich jetzt schon etwas von diesem ewigen Leben? Wen kann ich dazu fragen, wer kennt sich da aus? Fragen über Fragen. Ehe wir an diese Fragen herangehen, ist es gut, erst mal einen Zwischenstopp einzulegen.

Infopoint

Das Meinungsforschungsinstitut Emnid stellte vor einigen Jahren die Frage: „Glauben Sie an ein Leben nach dem Tod?"
42 % der Befragten antworteten mit „Ja". Wer diese Frage mit „Ja" beantwortet, lebt mit besonders hoher Wahrscheinlichkeit in Bayern oder Baden-Württemberg, hat einen Realschulabschluss, ist keine 50 Jahre alt, wohnt in einer Stadt mit weniger als 100.000 Einwohnern, lebt in einem Haushalt mit mehr als drei Bewohnern oder als Single, hat ein Haushaltsnettoeinkommen unter 25.000 Euro und ist weiblich.

Kurz nachdenken, überlegen und unsere Meinungen dazu austauschen.

Tipp: Ewiges Leben, in den Himmel kommen – die Teilnehmer werden dazu viele Gedanken und Vorstellungen mitbringen. Einige sollen hier genannt werden:

• Das Leben ist ein ewiger Kreislauf von Wiedergeburten, in dem wir wie in einer großen Spirale langsam immer vollkommener werden.
Richtig daran: Durch den Glauben an Jesus soll auch unser Leben anders werden. Es wird besser in dem Sinne, dass es mehr und mehr von der Liebe Gottes geprägt wird. Aber dieses Leben und diese Welt werden ein für alle Mal ein Ende haben, und Gott wird ein für alle Mal etwas Neues hervorbringen. Die Möglichkeit zur Entscheidung für ihn wird einmal ein Ende haben, für den Einzelnen wie für die ganze Menschheit.

• Wir kommen alle in den Himmel, weil Gott alle Menschen liebt.
Richtig daran ist: Gott bietet in seiner Liebe allen Menschen das ewige Leben an. Aber der Weg dahin führt nur über Jesus. Nur er bringt das neue Leben. Was passiert mit denen, die nie etwas von Jesus gehört haben? Wir wissen es nicht.

Viele Christen meinen, Gott wird diesen Menschen auch eine Chance geben, Jesus zu begegnen. Wichtiger für uns ist: Wir, die wir Jesus bereits begegnet sind, sollen an ihn glauben und dürfen möglichst viele Menschen mit Jesus in Kontakt bringen, damit auch sie bei Jesus ankommen.

• Wer ein moralisch einwandfreies Leben führt, kommt deswegen in den Himmel.
Richtig ist daran: Wir sollen als Christen nach Gottes Geboten leben. Aber den Himmel können wir uns nicht verdienen, er wird uns geschenkt.

• Das ewige Leben beginnt erst nach dem Tod.
Richtig daran ist: Das neue Leben aus Gott kommt in diesem irdischen Leben nicht zur Vollendung. Schuld, Leid und Tod sind noch unter uns wirksam, auch wenn Jesus sie durch seinen Tod und seine Auferstehung schon überwunden hat. Das ist wichtig festzuhalten gegen allen Perfektionismus und alle Schwärmerei. Aber das neue Leben beginnt schon jetzt. Es beginnt, wo jemand sein Leben Jesus anvertraut und ihm nachfolgt. Schon jetzt erfahren wir die Kraft dieses neuen Lebens: Gottes Vergebung, seine Liebe, seine Kraft, anders zu leben.

Baustein: Videoclip
Es ist schon witzig, wenn sich Zwillinge im Bauch der Mama darüber streiten, ob es ein Leben nach der Geburt gibt oder nicht. Wir wissen natürlich, dass es ein Leben nach der Geburt gibt, aber können wir auch daran glauben, dass es ein Leben nach dem Tod gibt?

Baustein: Himmlisches Brainstorming
Die Teilnehmer sollen ihre Gedanken zu Himmel und ewigem Leben zuerst jeder für sich sammeln und aufschreiben und dann im Plenum austauschen. Es kann hilfreich sein, die wichtigsten Ergebnisse für alle sichtbar festzuhalten (Wandzeitung, Folie).

Es empfiehlt sich, eventuelle Anfragen erst einmal stehen zu lassen. Einige davon werden durch den Bibeltext beantwortet werden. Andere können bei Bedarf an einem Follow-up-Abend gesondert behandelt werden. Das sollte dann auch noch an diesem Abend vereinbart werden. Dabei braucht es etwas Fingerspitzengefühl, um die „Spreu vom Weizen" zu trennen: Was ist nur neugierige Spekulation ohne tiefere Betroffenheit? Wo sind echte Verstehensfragen oder Anfechtungen und Zweifel?

Wo hat eine Frage auch eine seelsorgerliche Dimension, weil jemand von Leid und Tod im Freundes- oder Verwandtenkreis unmittelbar betroffen ist?

WALK

Gott sei Dank gibt es für unsere Fragen zum ewigen Leben einen Experten, den wir befragen können: Jesus, den Sohn Gottes. Den hat in der folgenden Bibelstelle schon ein jüdischer Gelehrter zu diesem Thema befragt. Schauen wir uns also einmal an, was Jesus ihm geantwortet hat:

Johannes 3,1-16: Das Gespräch mit Nikodemus
Es war ein Pharisäer namens Nikodemus, ein führender Mann unter den Juden. Der suchte Jesus bei Nacht auf und sagte zu ihm: Rabbi, wir wissen, du bist ein Lehrer, der von Gott gekommen ist; denn niemand kann die Zeichen tun, die du tust, wenn nicht Gott mit ihm ist. Jesus antwortete ihm: Amen, amen, ich sage dir: Wenn jemand nicht von neuem geboren wird, kann er das Reich Gottes nicht sehen. Nikodemus entgegnete ihm: Wie kann ein Mensch, der schon alt ist, geboren werden? Er kann doch nicht in den Schoß seiner Mutter zurückkehren und ein zweites Mal geboren werden. Jesus antwortete: Amen, amen, ich sage dir: Wenn jemand nicht aus Wasser und Geist geboren wird, kann er nicht in das Reich Gottes kommen. Was aus dem Fleisch geboren ist, das ist Fleisch; was aber aus dem Geist geboren ist, das ist Geist. Wundere dich nicht, dass ich dir sagte: Ihr müsst von neuem geboren werden. Der Wind weht, wo er will; du hörst sein Brausen, weißt aber nicht, woher er kommt und wohin er geht. So ist es mit jedem, der aus dem Geist geboren ist. Nikodemus erwiderte ihm: Wie kann das geschehen? Jesus antwortete: Du bist der Lehrer Israels und verstehst das nicht? Amen, amen, ich sage dir: Was wir wissen, davon reden wir, und was wir gesehen haben, das bezeugen wir, und doch nehmt ihr unser Zeugnis nicht an. Wenn ich zu euch über irdische Dinge gesprochen habe und ihr nicht glaubt, wie werdet ihr glauben, wenn ich zu euch über himmlische Dinge spreche? Und niemand ist in den Himmel hinaufgestiegen außer dem, der vom Himmel herabgestiegen ist: der Menschensohn. Und wie Mose die Schlange in der Wüste erhöht hat, so muß der Menschensohn erhöht werden, damit jeder, der (an ihn) glaubt, in ihm das ewige Leben hat. Denn Gott hat die Welt so sehr geliebt, dass er seinen einzigen Sohn hingab, damit jeder, der an ihn glaubt, nicht zugrunde geht, sondern das ewige Leben hat.

In vier Punkten führt uns dieser Text zum Thema:

1. Das ewige Leben – nicht von dieser Welt!

Da ist Nikodemus, der Jesus gefragt hat, schon einen Schritt weiter als die meisten von uns. Auch er wollte das ewige Leben, wollte in den Himmel kommen. Er gebraucht einen ganz speziellen Begriff dafür: „In das Reich Gottes kommen." Damit macht er auch deutlich, wie er sich dieses ewige Leben vorstellt. Und Jesus widerspricht ihm nicht, ist also genau seiner Meinung.

Was verstehen die beiden unter dem Reich Gottes?

• Im Reich Gottes hat Gott das Sagen – so wie auch sonst ein König in seinem Reich. Und weil Gott das Sagen hat, gelten da andere Gesetze und Regeln, als es bei Menschen der Fall ist. Da sind nicht Macht, Geld und Beliebtheit entscheidend, sondern die Gebote Gottes. Kurz zusammengefasst von Jesus im Doppelgebot der Liebe: Gott über alles lieben und meine Mitmenschen genauso wie mich selbst. Ich bin wichtig, aber die anderen sind es auch. Ich kreise nicht immer um mich selbst, sondern sehe auch die anderen und bin für sie da.

• Viele ahnen heute schon, dass das für uns alle das Beste wäre, und versuchen so zu leben. Aber es gelingt nur manchmal, und nur unvollkommen. Dementsprechend zerrissen sieht es in dieser Welt und im Leben eines jeden Menschen aus: Gutes und Böses durcheinander gemischt und oft auch gar nicht auseinander zu halten. Wir kriegen das von uns aus auch nicht besser hin. Wenn das anders werden soll, muss Gott selbst eingreifen. Tut er auch: Er bringt das Reich Gottes, und alles wird anders. Das Böse und die Sünde sind die entscheidenden Mächte, die unser Leben vergiften. Wenn Gott sein Reich bringt, überwindet er diese Unheilsmächte, und ein neues Leben beginnt.

Ein neues Leben, eine andere Welt –
haben wir davon schon eine Ahnung bekommen?

Tauscht euch aus, wo ihr es selbst schon erlebt habt (bei euch selbst oder bei anderen), wie es ist, über den eigenen Schatten zu springen, und wie sich eine Situation dadurch verändert! Wie ist es, eine Ahnung davon zu haben, wenn alles gut wäre?

2. Neues Leben – nicht ohne uns, aber nicht durch unsere Bemühungen

Was nun kommt, ist für Nikodemus völlig neu und unerwartet – und wahrscheinlich auch für dich. Die Frage ist ja: Wie kommt dieses neue Leben von Gott in mein Leben und in diese Welt?

Jesus gebraucht ein deutliches Bild: Du musst neu geboren werden, sagt er zu Nikodemus. Was meint er damit? Sollen wir als Christen kindisch werden und uns so benehmen? Sicher nicht!

Was Jesus damit sagen will:

Damit ein Kind geboren wird, braucht es Eltern. Es hat die Kraft, ins Leben zu kommen, nicht in sich selbst. Bei der menschlichen Geburt braucht es dazu Vater und Mutter, die jeweils das Ihre zum Entstehen des neuen Lebens beisteuern. Bei der neuen Geburt, die Jesus meint, braucht es das Wasser und den Geist. Was meint er damit? Wasser ist ein Bild für Reinigung. Wasser wäscht den Schmutz ab und macht uns sauber. Ohne Wasser kann ein Mensch nicht leben, er verdurstet. Jesus meint hier die Vergebung Gottes, die uns von unserer Schuld befreit und unser Leben reinigt. Ohne Gottes Vergebung kein neues Leben, keine neue Gemeinschaft mit Gott und deinen Mitmenschen. Geist meint hier den Geist Gottes, den Heiligen Geist. Es ist die Kraft Gottes, die dir die Kraft gibt, nach seinem Willen zu leben und in Gemeinschaft mit ihm zu bleiben. Diese Kraft schenkt dir Jesus in Gottes Auftrag und als sein Geschenk. Ohne diese beiden Elternteile, sagt Jesus, gibt es keine neue Geburt und kein neues Leben.
Bei deiner Geburt warst du dabei, aber es lag nicht an dir, dass es dazu gekommen ist. Deine Geburt war der entscheidende Punkt für dein eigenes Leben, aber sie war nicht die Folge deiner Arbeit und deines Einsatzes. So ist es auch mit dem neuen Leben, sagt Jesus. Es hat einen alles entscheidenden Anfang, den Gott bewirkt, durch den er dich ins Leben ruft. Es geschieht nicht automatisch, jemand muss aktiv werden, dass es dazu kommt. Und Gott ist aktiv geworden. Er hat es getan, weil er es wollte, nicht aus Versehen (wie es bei einer menschlichen Geburt manchmal der Fall ist); bei Gott gibt es keine ungeplanten und ungewollten Kinder.
Wann immer dir dein Glaube und dein Christsein unsicher werden, darfst du dich daran festhalten: Gott hat es so gewollt und er hat das Entscheidende getan. Das gilt und keiner kann es rückgängig machen. Martin Luther, der oft schwere Anfech-

tungen durchmachen musste, hatte sich zeit seines Lebens an seiner Taufe als dem Zeichen seiner neuen Geburt festgehalten. Daraus hatte er die Gewissheit gewonnen, dass Gott ihm auch durch alle Schwierigkeiten hindurch beistehen und ihn durchbringen würde. Oder, wie es im neuen Lutherfilm heißt: „Ich bin dein, erlöse mich!"

Frage die Teilnehmer (kann im Plenum oder auch persönlich beantwortet werden): Gott schenkt dir neues Leben und trägt dich durch alle Schwierigkeiten durch – was könnte das für dich bedeuten?

3. Das neue Leben beginnt jetzt!

Wenn Jesus in unserem Bibelabschnitt von dem neuen Leben redet, das er in Gottes Auftrag bringt und uns schenkt, dann redet er von der Gegenwart und nicht von einer fernen Zukunft. Jetzt passiert es, sagt er, nicht erst irgendwann oder nach dem Tod. Jetzt, wenn du meinen Ruf hörst und dich mir zuwendest, vollbringe ich in deinem Leben die entscheidende Verwandlung. Das ist keine billige Vertröstung auf das Jenseits, sondern eine starke Verheißung für die Gegenwart. Jetzt schon erfährst du, wie Gottes Vergebung dich von der Last der Vergangenheit befreit und neue Gemeinschaft schenkt mit Gott und den Menschen. Jetzt schon spürst du die Kraft Gottes in dir, neu und anders zu leben. Jetzt schon erlebst du, wie nicht mehr das Streben nach Macht, Geld und Ansehen und die Angst vor dem Tod dein Leben bestimmen, sondern Gottes bedingungslose und unveränderliche Liebe zu dir. Das neue Leben beginnt jetzt, die Zukunft hat schon begonnen!

4. Das Leben, das dir alles eröffnet

Das neue Leben beginnt jetzt und schenkt dir Gottes Liebe, Gemeinschaft, Vergebung und die Kraft zur Nachfolge Jesu. Es spannt einen weiten Bogen, gibt dir einen neuen Lebenshorizont, der über dieses Leben und den Tod hinausreicht. Diese Lebensperspektive gibt dir die Kraft, auch in Schwierigkeiten durchzuhalten und bei Rückschlägen nicht zu verzweifeln. Es gibt dir den Mut, dich nicht dem Zeitgeist zu beugen und nicht vor den Meinungsführern und Machthabern dieser Welt einzuknicken. Gustav Heinemann, ein früherer Bundespräsident der Bundesrepublik Deutschland, musste sich in der Zeit des Dritten Reiches mehrmals vor den Nazis für sein unerschrockenes Eintreten für den Glauben und gegen das Naziregime verantworten. Sein Glaube gab ihm die Kraft, standhaft zu bleiben und keine faulen

Kompromisse einzugehen. Er wusste: Die Machthaber dieser Welt kommen und gehen, aber Jesus bleibt, er wird am Ende das letzte Wort haben. Seine Maßstäbe werden gelten im Gericht Gottes, ihm bin ich verantwortlich.
Er selbst hat das bei einer Vorladung einmal so gesagt: „Eure Herren gehen – Unser Herr kommt!“ Aus dieser Gewissheit heraus konnte er seinen Weg gehen. Jesus schenkt uns jetzt schon das neue Leben, aber das Alte ist immer noch da, in uns und um uns herum. Wir werden schuldig werden, wir werden Fehler machen. Wir werden sehen, wie andere Menschen leiden, und selbst mit Leid und Krankheit fertig werden müssen. Auch der Tod wird uns nicht erspart bleiben. Aber all das wird nicht das letzte Wort haben, sondern Jesus, zu dem wir jetzt schon gehören. Auch wir Christen wissen nicht genau, was noch alles auf uns und diese Welt zukommen wird. Aber wir wissen, wer auf uns zukommt – Jesus, der jetzt schon mit uns auf dem Weg ist. Er wird uns durchbringen, bis ans Ziel.

Deswegen lohnt es sich, jetzt schon mit ganzem Einsatz für ihn zu leben, auch wenn nicht alles gelingen wird. Gott wird auch das Unvollendete vollenden und unser Stückwerk ganz machen. Das bewahrt uns vor Zynismus und Resignation.

Das neue Leben beginnt jetzt und bringt uns durch Schuld und Tod hindurch in die ungestörte Gemeinschaft mit Gott und untereinander. Jetzt schon darfst du dich in allem an Jesus wenden und seine verändernde und erneuernde Kraft erfahren.

INTERAKTIV

Das Leben, das dir alles eröffnet – eine Sehnsucht vieler, gerade auch junger Menschen.

Tipp: Das Lied „Feel“ von Robbie Williams soll die Sehnsucht nach ewigem Leben und den Zuspruch des Bibelwortes noch einmal gegenüberstellen und zusammenführen. Viele Popsongs handeln daher von diesem Thema.
Hört euch den Song gemeinsam an! Achtet dabei auch auf den Text und lest die deutsche Übersetzung dazu! Die deutsche Übertragung des Liedtextes soll auch denen (oft gar nicht wenigen) mit schwachen Englischkenntnissen einen sinnerschließenden Zugang ermöglichen.

Überlegt euch Antworten zu folgenden zwei Fragen und tauscht euch anschließend mit den anderen darüber aus!

1. Neues Leben –
Welche Hoffnungen und Sehnsüchte dazu bringt das Lied zum Ausdruck?

2. Neues Leben –
Welche Zusagen nimmst du aus unserem Bibelwort dazu mit?

Andreas Gryphius:
Mein sind die Jahre nicht, die mir die Zeit genommen.
Mein sind die Jahre nicht, die etwa mögen kommen.
Der Augenblick ist mein, und nehm ich den in Acht,
so ist der mein, der Zeit und Ewigkeit gemacht.

SAVE

Auch diese Fragen sind zunächst zur persönlichen Beantwortung gedacht, danach zum Austausch mit dem Nachbarn oder am Tisch (Kopiervorlage Seite 103). Ist noch Zeit vorhanden und die Gesamtgruppe sehr groß, können die einzelnen Teilnehmer wichtige Ergebnisse kurz an einer Wandzeitung festhalten (an Papier und genügend Stifte denken!).

Achtung! Jetzt kommt's!
Die Schriftgelehrten stellten Jesus einmal die Frage: Wann geht es los? Wann kommt das Reich Gottes? Kann man das beobachten? Jesus antwortete darauf: „Niemand wird euch sagen können: ‚Hier ist es!' oder ‚Dort ist es!' Das Reich Gottes ist schon jetzt da – mitten unter euch" (Lukas 17,21).
Was heißt das für dich persönlich? Was bedeutet das für dein Engagement in der Gemeinde, Schule usw.?

HAPPY END

Um den Inhalt der Einheit noch einmal für die Teilnehmer zu bündeln, bekommen sie nach dieser Einheit ein Kärtchen überreicht mit dem Text: „Es gibt ein Leben vor dem Tod. Das ewige Leben beginnt jetzt." (Kopiervorlage auf Seite 104)

Einheit 7: Das Leben, das dir alles eröffnet

1. Neues Leben von Gott – wo könntest du das selbst gerade am meisten brauchen?

2. Kennst du Menschen, die aus dem Glauben an Jesus heraus mit Leid und Anfechtungen fertig geworden sind?

3. Worin besteht für dich zurzeit die größte Herausforderung, wenn es darum geht, dich zu Jesus zu bekennen? Wie könnte dir unser Bibelwort dabei helfen?

Es gibt ein Leben vor dem Tod.
Das ewige Leben beginnt
jetzt!

Es gibt ein Leben vor dem Tod.
Das ewige Leben beginnt
jetzt!

Es gibt ein Leben vor dem Tod.
Das ewige Leben beginnt
jetzt!

Es gibt ein Leben vor dem Tod.
Das ewige Leben beginnt
jetzt!

Es gibt ein Leben vor dem Tod.
Das ewige Leben beginnt
jetzt!

Kopiervorlage

Weiterführendes

10 TIPPS
zum Bibellesen

Have a break – make a date! Vielleicht ist es absolutes Neuland für dich, die Bibel zu lesen. Vielleicht brauchst du einfach nur ein paar Anregungen, wie du das Bibellesen gestalten kannst. Hier findest du zehn Tipps, die dir weiterhelfen:

1. Nimm dir Zeit für Gott! Bibellesen kann man nicht nur so nebenbei!

2. Bevor du anfängst zu lesen, bitte Gott, dass er zu dir spricht und dir sein Wort verständlich macht.

3. Lies den Abschnitt mehrmals durch. Dann entdeckst du Dinge, die du beim ersten Mal übersiehst! Denk dran: Jedes Wort ist wichtig!

4. Gottes Wort ist heilig, das Papier, auf das es gedruckt ist, nicht! Deshalb arbeite in der Bibel und markiere dir Worte und Verse, die dir wichtig werden.

5. Gottes Wort enthält Pudding und Schnitzel! Nicht alles ist für Anfänger geeignet. Wenn du etwas überhaupt nicht verstehst, dann frage einen anderen Christen.

6. Nimm eine Bibellese (z.B. „Lichtstrahlen") zur Hand. Dort wird dir manches erklärt, was du nicht verstehst.

7. Gottes Wort will nicht nur in unseren Kopf, sondern auch in unser Herz. Deshalb überlege, was du aus diesem Bibelabschnitt über Gott und über dich selbst lernen kannst. Was verändern diese Worte in deinem Leben?

8. Handle nach dem, was du aus diesem Bibellesen gelernt hast. Und wenn es nur ganz wenig ist, was du verstanden hast, dann setze das Wenige in die Tat um!

9. Lerne einen Bibelvers auswendig, der dir wichtig geworden ist. Dann begleitet er dich den ganzen Tag.

10. Bitte Gott, dass er dir hilft, dein Leben nach seinem Wort zu gestalten.

GEBETE UND TEXTE
für Andachten, Gebetszeiten und die persönliche Zeit mit Gott

Gebet – nicht nur für junge Leute

Herr, ich möchte vieles sehen und erleben. Manchmal habe ich Angst, dass ich zu kurz komme, dass ich mein Leben nicht so leben kann, wie ich es gerne möchte. Die Älteren verstehen mich oft nicht. Sie nehmen mich nicht ernst. Ich brauche jemanden, dem ich mich anvertrauen kann. Lass mich nicht allein! Gib mir Freunde, mit denen ich reden kann, Menschen, die zu mir halten. Hilf mir, dass ich finde, wofür es sich zu leben lohnt. Ich weiß, dass ich Fehler mache. Bewahre mich davor, in eine Sackgasse zu kommen. Führe du mich weiter! Amen

Sehnsucht, geliebt zu werden

Mein Gott, ich wünsche mir so sehr einen Menschen, der mich versteht und dem ich alles sagen kann. Ich wünsche mir einen Menschen, der mich liebt. Lass mich einen finden, der nicht mit der Liebe spielt. Lass mich einen finden, der mein Herz sucht! Lass mich einen finden, der mein Leben für lange Zeit reicher macht, der mich nicht eines Tages arm und zerstört zurücklässt. Hilf mir, auch seinem Leben mehr Freude und Glanz zu geben. Hilf mir, Liebe zu finden, in der Kraft und Zuverlässigkeit ist wie in der Liebe, mit der du uns liebst! Amen

Wachsam leben

Ich möchte wachsam sein für deine Zeichen in meinem Leben, für die Zeichen der Warnung, der Führung, der Mahnung, für die Zeichen des Aufbruchs und der Erneuerung. Ich möchte wachsam sein für deine Zeichen an meinen Mitmenschen, für deine Zeichen der Sendung, dass mein Herz aufmerksam sei für dein Wort in den Worten, deine Tat in den Taten der Brüder und Schwestern, für die Zeichen der Bedürftigkeit, wenn mein Nächster verborgene Not leidet, für die Zeichen der herrlichen Freiheit deiner Kinder, dass ich sie nicht in der Schulbank der Unmündigkeit halte, wenn sie mündig werden zu verantwortlichem Leben vor dir. Herr, ich möchte wachsam sein für deine Zeichen. Amen

Gott allein kann schaffen

Gott allein kann schaffen, aber du kannst das Erschaffene zur Geltung bringen.
Gott allein kann Leben schenken, aber du kannst es weitergeben und achten.
Gott allein kann Gesundheit schenken, aber du kannst sorgen und heilen.
Gott allein kann Glauben schenken, aber du kannst dein Zeugnis geben.
Gott allein kann Hoffnung einpflanzen, aber du kannst deinem Mitmenschen Vertrauen schenken.
Gott allein kann Liebe schenken, aber du kannst andere lieben.
Gott allein kann Frieden schenken, aber du kannst Einheit stiften.
Gott allein kann Freude schenken, aber du kannst ein Lächeln geben.
Gott allein kann Kraft geben, aber du kannst einen Entmutigten aufrichten.
Gott allein ist der Weg, aber du kannst ihn anderen zeigen.
Gott allein ist das Licht, aber du kannst es in den Augen der anderen zum Leuchten bringen.
Gott allein genügt sich selbst, aber er hat es vorgezogen, auf dich zu zählen.

Am Morgen

Gott, zu dir rufe ich in der Frühe des Tages. Hilf mir beten und meine Gedanken sammeln zu dir; ich kann es nicht allein, in mir ist es finster, aber bei dir ist das Licht; ich bin einsam, aber du verlässt mich nicht; ich bin kleinmütig, aber bei dir ist die Hilfe; ich bin unruhig, aber bei dir ist der Friede; in mir ist Bitterkeit, aber bei dir ist die Geduld; aber du weißt den Weg für mich. *Dietrich Bonhoeffer*

Am Abend

Lege die Hand, Gott, unter mein Haupt, lass dein Licht leuchten über mir. Der Segen deiner Engel schütze mich vom Scheitel bis zur Sohle. Gedenke nicht der Unzahl meiner Sünden, richte mich nicht nach dem, was ich an diesem Tag getan, vergiss mich nicht, wenn du die Deinen zählst. Amen

Lass uns über deiner herrlichen Schöpfung dich, den Schöpfer, nicht vergessen, über dem Vergänglichen nicht das Unvergängliche. Das Welken der Blumen, das Vergehen so vieler Dinge, an denen wir Freude hatten, können wir verschmerzen, wenn wir auf das schauen, was bleibt: auf dich, auf deine Verheißungen, auf deine treue Liebe. Wir freuen uns schon darauf, wenn die Blumen deiner Verheißung aufblühen werden, prachtvoll, überraschend, beglückend. Amen

Stille aushalten

Es ist laut um mich der Tag verzehrt sich in Arbeit Pünktlichkeit Genauigkeit Freundlichkeit Forderungen zu jeder Zeit ich fühle mich ausgehöhlt und fremd es ist laut in mir die Stimmen hallen nach die Arbeit geht durch meinen Kopf ich fange an zu planen für morgen für übermorgen und ein bisschen schon für den Urlaub es ist laut in mir mein Herz ist unruhig ich möchte beten ich möchte wieder beten können Herr hilf dass ich still werde dass ich aushalte still zu sein

Hingabegebete und Segensgebete

Mach deine Kirche neu

Herr, erwecke deine Kirche und fange bei mir an! Herr, baue deine Gemeinde auf und fange bei mir an. Herr, lasse Frieden und Gotteserkenntnis überall auf Erden kommen und fange bei mir an. Herr, bringe deine Liebe und Wahrheit zu allen Menschen und fange bei mir an! *Aus China*

Herr Jesus Christus, ich brauche dich. Ich habe bisher mein Leben selbst bestimmt. Ich habe gegen dich gesündigt. Bitte vergib mir meine Schuld. Ich gebe dir jetzt mein Leben, mit Leib, Seele und Geist, mit Vergangenheit, Gegenwart und Zukunft. Übernimm die Herrschaft in meinem Leben und verändere mich so, wie du mich haben willst. Amen. *Gunar Berghänel*

Der aaronitische Segen

Der Herr segne dich und behüte dich;
der Herr lasse sein Angesicht leuchten über dir und sei dir gnädig;
der Herr hebe sein Angesicht über dich und gebe dir Frieden.
4. Mose 6,25.26

Segen

Der Herr sei vor dir, um dir den rechten Weg zu zeigen.

Der Herr sei neben dir, um dich in die Arme zu schließen
und dich zu schützen.

Der Herr sei hinter dir, um dich zu bewahren vor der Heimtücke
böser Menschen.

Der Herr sei unter dir, um dich aufzufangen, wenn du fällst, und dich
aus der Schlinge zu ziehen.

Der Herr sei in dir, um dich zu trösten, wenn du traurig bist.

Der Herr sei um dich herum, um dich zu verteidigen, wenn andere
über dich herfallen.

Der Herr sei über dir, um dich zu segnen.

So segne dich der gütige Gott.

Sedulius Caelius

Bibellese zu den Einheiten

Nach jeder Einheit kannst du den Teilnehmern die passende Bibellese mitgeben. Diese können sie für sich jeden Tag – bis zur nächsten Einheit – lesen und die Fragen für sich beantworten.
Ihr könnt die Antworten auch zu Beginn des nächsten Treffens austauschen oder dafür separate Kleingruppen bilden.

Bibellese zu Einheit 1: Der Gott, der dich ruft

1. Tag: Psalm 139,7-16
FRAGE: Geplant und durchdacht! Was bedeutet das für dich, wenn du in den Spiegel guckst?!

2. Tag: Markus 2,23-28
FRAGE: Warum hat Gott den Menschen Regeln gegeben?

3. Tag: Psalm 103,1-13
FRAGE: Gott kann man ernst nehmen, weil er hält, was er verspricht.
Für was willst du ihn heute loben? Was willst du ihn bitten?

4. Tag: 1. Mose 1,27
FRAGE: Zu seinem Ebenbild? WOW! Aber was bedeutet das für deine Einstellung zu den „Uncoolen", den Unbegabten, ... in deinem Bekanntenkreis?

5. Tag: Psalm 121
FRAGE: Was meint wohl der Psalmschreiber mit den „Bergen"? Was könnte ihn bedrückt haben? Was bedrückt dich gerade? Worauf stützt er seine Hoffnung?

6. Tag: Matthäus 22,1-9
FRAGE: Auf! An die Hecken und Zäune! Wo sind deine Hecken und Zäune? Lässt du dich von Gott einladen?

7. Tag: 4. Mose 6,24.25
FRAGE: Diesen Segen kennst du vielleicht aus dem Gottesdienst. Was erhoffst du dir von Gott, wenn du ihn um seinen Segen bittest?

Bibellese zu Einheit 2: Der Sohn, der dich rettet

1. Tag: Psalm 22,2.3
FRAGE: „... Mein Gott, warum hast du mich verlassen?" Mit diesen Worten starb Jesus am Kreuz. Wann hast du dich schon einmal von Gott verlassen gefühlt?

2. Tag: Apostelgeschichte 8,26-40
FRAGE: Verstehst du, was du da liest? Was treibt den Äthiopier zu dieser Reaktion? Was denkst du?

3. Tag: Matthäus 9,9-13
FRAGE: Worin sieht Jesus seine Aufgabe? Warum unterscheidet ihn das von vielen Gurus, Heilsbringern und der Werbeindustrie?

4. Tag: Galater 4,1-7
FRAGE: Puh! Was bedeutet das? Lies diesen Text noch einmal! Unglaublich! Was hat Gott getan und wie dürfen wir ihn deshalb anreden? Wie verändert sich dadurch unsere Beziehung zu ihm?

5. Tag: Markus 8,34-38
FRAGE: Harte Worte! Sicher, du kommst in deinem Land nicht in ein Gefängnis, wenn du mit der Bibel unter dem Arm herumläufst, aber was könnte das für dich bedeuten?

6. Tag: Markus 8,1-10
FRAGE: Da tut sich was! Was verändert sich bei Zachäus? Was soll Gott in deinem Leben verändern?

7. Tag: Lukas 24,36-49
FRAGE: „Warum habt ihr Angst?“ Der hat leicht reden! Nach allem, was die Jünger in den letzten Tagen erlebt haben! Aber alles hatte seine Gründe! Was glaubst Du? Warum musste Jesus sterben? Und was bringt das dir?

Bibellese zu Einheit 3: Der Heilige Geist, der dich inspiriert

1. Tag: 1. Korinther 6,19

Als Jesus nach Jerusalem kommt (Matthäus 21,1-11), da wirft er nicht als Erstes die ungeliebten römischen Besatzer hinaus, wie es viele erhoffen und erwarten, sondern zuerst wirft er das aus dem Tempel Gottes hinaus, was dort nicht hinein gehört, weil der Tempel auf Gott ausgerichtet sein soll.
FRAGE: Ist dein Tempel, dein Leben und Herz ausgerichtet auf Gott oder wo ist es dran, dass der Heilige Geist dein Herz „reinigt" und auf Gott ausrichtet?

2. Tag: Galater 5,16-26

FRAGE: Was ist der Unterschied zwischen einem „geist-losen" und einem „geist-vollen" Leben? Welche Früchte soll man in deinem Leben sehen und genießen dürfen?

3. Tag: Apostelgeschichte 8,29-40

Der Heilige Geist führt Menschen in besondere Abenteuer, die einzigartig sind und wirklich Entscheidendes bewirken.
FRAGE: Wie lässt sich Philippus in Apostelgeschichte 8,29-40 vom Heiligen Geist leiten? Wie kannst du dich vom Geist Gottes leiten und treiben lassen (Römer 8,14)?

4. Tag: Markus 13,11

Wir haben manchmal Angst, unseren Glauben an Jesus zu bekennen, weil wir denken, das käme nicht so gut an. Aber wir dürfen erleben, dass letztlich nicht wir reden, sondern Gottes Geist durch uns. Sein Wort kehrt nie zurück ohne etwas zu bewirken, auch wenn wir es nicht beeinflussen können.
Lies dazu Lukas 12,12; 1. Thessalonicher 1,5; 2. Petrus 1,21!
Was bedeutet dir diese Zusage?

5. Tag: Epheser 4,1-7

Der Geist Gottes begabt nicht dafür, eigenen Ruhm abzuschöpfen, sondern für Gott und zu seiner Ehre in Gemeinde und Welt unterwegs zu sein.
FRAGE: Warum ist Paulus die Einheit im Geist so wichtig? Was kannst du verändern, damit die Gemeinde mit allen Begabungen gemeinsam unterwegs ist und sich gegenseitig unterstützt?

6. Tag: Epheser 4,25-32

FRAGE: Was bedeutet es, den Heiligen Geist zu beleidigen (Vers 30)?
Was erkennst du aus dem Text?

7. Tag: Galater 4,6-7

Durch den Heiligen Geist bist du ein Kind Gottes. Dieser Geist hilft uns auch mit unserem Vater vertrauensvoll zu reden, ja manchmal vertritt er uns sogar im Gebet: Römer 8,14-15; Römer 8,26. „Abba“ bedeutet „Papa“. Ist es nicht genial, in dieser Beziehung mit Gott stehen zu dürfen?
FRAGE: Was möchtest du heute diesem, deinem Papa sagen?

Bibellese zu Einheit 4: Das Wort, das dich trägt

1. Tag: Kolosser 3,12-17
FRAGE: Was wird hier über das Wort Gottes ausgesagt? Wie sollen wir damit umgehen?

2. Tag: Johannes 1,1-5
FRAGE: Was wird hier über Jesus ausgesagt? Welche Bedeutung hat dieses Wort?

3. Tag: 2. Timotheus 2,14-17
Was bewirkt das Wort Gottes laut dieser Aussage?

4. Tag: Lukas 5,1-11
FRAGE: Welche Auswirkungen hat es in dieser Geschichte, dass Petrus die Worte Jesu ernst nimmt?

5. Tag: Lukas 1,1-4
FRAGE: Die Bibel wurde durch Menschen verfasst. Was sagt Lukas über sein Ziel aus, das er mit seinem Evangelium hat?

6. Tag: Lukas 4,1-13
FRAGE: Man kann das Wort Gottes auch missbrauchen, wie in dieser Geschichte deutlich wird. Wie können wir Gottes Wort richtig verstehen?

7. Tag: Lukas 4,16-21
FRAGE: Viele Worte der Bibel haben sich durch Jesus erfüllt. Fallen dir andere Stellen ein? Wo hat sich sein Wort in deinem Leben erfüllt?

Bibellese zu Einheit 5:
Die Gemeinde, die mit dir unterwegs ist

1. Tag: Matthäus 25,14-30
FRAGE: Drei Leute bringen sich in unterschiedlicher Weise für ihren verreisten Chef ein. Welche haben Erfolg und warum? Was bedeutet das für deinen Einsatz bei Gott?

2. Tag: Apostelgeschichte 2,42
FRAGE: Hier wird das Leben der ersten Gemeinde in Jerusalem beschrieben. Welche Dinge, die diese Leute getan haben, faszinieren dich noch heute und warum?

3. Tag: Epheser 1,15-23
FRAGE: Paulus macht deutlich, welche Macht der auferstandene Jesus hat. Was heißt das im Blick auf die Gemeinde?

4. Tag: 1. Petrus 2,4-9
FRAGE: Wie beschreibt Petrus Jesu Position in der Gemeinde? Und was ist davon ausgehend deine Aufgabe?

5. Tag: Epheser 4,4-16
FRAGE: Was heißt es, sich in der Gemeinde zu einem erwachsenen und mündigen Christen zu entwickeln?

6. Tag: Römer 12,1-8
FRAGE: Wie kann nach Paulus der lebendige Dienst für Gott aussehen?

7. Tag: 1. Timotheus 2,1-2
FRAGE: Was kannst du heute für deinen Jugendkreis, deine Gemeinde, die Politiker dieses Landes von Gott erbitten? Let’s do it!

Bibellese zu Einheit 6: Das Gespräch, das dich verändert

1. Tag: Matthäus 6,5-7
FRAGE: Worte sind schnell dahingesagt und auch Gebete können zu Floskeln werden, die man aus Tradition oder Moral herunterbetet. Was ist Jesus wichtig? Wie kannst du darauf achten, dass deine Gebete nicht einfach nur verflachen?

2. Tag: Lukas 18,1-8
FRAGE: Was beeindruckt dich an der Witwe? Was bedeutet das für dein Gebet? Wie kannst du dranbleiben?

3. Tag: Lukas 18,9-14
FRAGE: Was unterscheidet den Zöllner vom Pharisäer? Kannst du dich in die Personen hineinversetzen? Wie trittst du Gott gegenüber?

4. Tag: Apostelgeschichte 4,23-31
FRAGE: Was fasziniert dich am Gebet der Gemeinde? Wie ist solch eine Gebetsbewegung in deiner Gemeinde möglich?

5. Tag: Kolosser 4,2-6
FRAGE: Gebet ist die Voraussetzung für alle Aktivität. Wie kannst du deinen Tag, deine Aktivitäten, auch die Aktivitäten der Gemeinde im Gebet vorbereiten?

6. Tag: Römer 8,26-39
FRAGE: Es kann Momente im Leben geben, in denen uns die Kraft zum Beten fehlt, weil wir durch schwere Zeiten gehen. Was macht dieser Text deutlich?

7. Tag: Jakobus 5,13-17
Jakobus zeigt hier auf, wie man in der Gemeinde für die Kranken beten kann. Tatsächlich sind durch das Eingreifen Gottes schon zahlreiche Wunder geschehen. Dennoch gibt es keinen Gebetsautomatismus und jeder Mensch wird auch einmal sterben. Aber in allem und bei allem gilt, dass Gott die Fäden in der Hand hat und unser Bestes will.
FRAGE: Wie wird in deiner Gemeinde mit dem Krankengebet verfahren? Wie kann es in guter Weise umgesetzt werden?

Bibellese zu Einheit 7:
Das Leben, das dir alles eröffnet

1. Tag: Lukas 7,11-17

FRAGE: Der Zug des Todes begegnet dem Zug des Lebens. Jesus bringt Leben in eine Welt, die vom Tod bestimmt wird. Wo hast du schon Gottes machtvolles Eingreifen in deinem Leben erfahren? Für welche Situationen wünschst du dir Gottes Eingreifen?

2. Tag: Johannes 20,11-18

FRAGE: Jesus – kein toter Religionsstifter, sondern mitten unter uns lebendig! Wie denkst du darüber?

3. Tag: Römer 8,38-39
FRAGE: Welche Macht bestimmt und bedroht dein Leben? Glaubst du, dass Gottes Liebe in Jesus stärker ist und dich davon befreit?

4. Tag: Matthäus 22,23-33
FRAGE: Wie stellst du dir das ewige Leben vor? Was sagt Jesus in dieser Bibelstelle darüber?

5. Tag: Römer 14,17-18
FRAGE: Wie könnte sich dein Leben verändern, wenn du es schon jetzt aus der Kraft und nach den Maßstäben Gottes leben würdest??

6. Tag: 2. Timotheus 2,11-13
FRAGE: Mit Jesus geduldig leiden und uns zu ihm halten – was könnte das für dich bedeuten? Was meint Jesus damit, dass wir mit ihm herrschen sollen?

7. Tag: Offenbarung 21,3-4
FRAGE: Was wünschst du dir von Gottes neuer Welt?

Mehr Medien für Mitarbeiter

Hrsg. Thorsten Riewesell und Andi Weiss

... durchstarten!

im glauben dabei sein

6 Einheiten zu den Grundlagen des christlichen Glaubens für Gruppen mit Nichtchristen. Die Teilnehmer entdecken, was sie schon kennen vom Glauben, erfahren dazu Fakten aus der Bibel und Geschichte und entdecken dann, was das alles mit ihrem eigenen Leben zu tun hat.

Leiterbuch
ISBN 978-3-87092-418-8 | Bestellnr. 182.418
Euro (D) 10,90/sfr 19,50/Euro (A) 11,20

durchstarten! Video-DVD:
Zu jeder Einheit ein passender Videoclip als Einstieg
ISBN 978-3-87092-427-0 | Bestellnr. 183.427
Euro (D) 16,90/sfr 33,00/Euro (A) 19,50

Hrsg. Thorsten Riewesell und Andi Weiss

... weiterkommen!

Ein Kurs zum Nachfolgen und Leben-Gestalten

8 Einheiten, in denen es darum geht, nicht nur Christ zu sein, sondern Jesus nachzufolgen und das Leben in seinem Sinn zu gestalten. Jeder Teilnehmer geht gemeinsam mit Jesus durch die Räume und Bereiche seines Lebenshauses.

Leiterbuch
ISBN 978-3-87092-408-9 | Bestellnr. 182.408
Euro (D) 11,90/sfr 21,50/Euro (A) 12,20

Teilnehmerbuch
ISBN 978-3-87092-409-6 | Bestellnr. 182.409
Euro (D) 6,90/sfr 12,60/Euro (A) 7,10

Mehr Medien für Mitarbeiter

Explore!

Entdecke deine Berufung!

Band 1: Explore! erläutert im ersten Schritt, welche Fähigkeiten, Gaben, Persönlichkeit und Werte es gibt.
Band 2 konzentriert sich auf die sieben Gaben. Hier geht es darum, seine Gaben besser kennen zu lernen, ihre Stärken und Schwächen zu erkennen und zu prüfen, wie sie weiterentwickelt werden können.

Band 1
ISBN 978-3-87092-360-0 | Bestellnr. 182.360
Euro (D) 12,90/sfr 23,40/Euro (A) 13,30

Band 2
ISBN 978-3-87092-361-7 | Bestellnr. 182.361
Euro (D) 12,90/sfr 23,40/Euro (A) 13,30

Hrsg. Thorsten Riewesell, Stefan Schmid

Edition Endeavour Basics

SOS

Themen der Jugendseelsorge

Selbstverletzungen, Gewalt an der Schule, Internetpornografie und Essstörungen sind Themen, die MitarbeiterInnen immer häufiger begegnen. „SOS“ greift 8 wichtige Fragen und Probleme auf und gibt Tipps, wie man Hilfestellung gibt, was wichtig ist zu wissen und wo man weitere Hilfe bekommt.
ISBN 978-3-87092-438-6 | Bestellnr. 182.438
Euro (D) 5,90 /sfr 11,30/Euro (A) 6,10